Thomas Biegel

Die Rolle von Intermediären (Zwischenhändlern) auf el

Eine institutionenökonomische Betrachtung

Thomas Biegel

Die Rolle von Intermediären (Zwischenhändlern) auf elektronischen Märkten

Eine institutionenökonomische Betrachtung

diplom.de

Bibliografische Information der Deutschen Nationalbibliothek:

Bibliografische Information der Deutschen Nationalbibliothek: Die Deutsche
Bibliothek verzeichnet diese Publikation in der Deutschen Nationalbibliografie;
detaillierte bibliografische Daten sind im Internet über http://dnb.d-nb.de/ abrufbar.

Copyright © 1996 Diplomica Verlag GmbH
Druck und Bindung: Books on Demand GmbH, Norderstedt Germany
ISBN: 978-3-8386-3961-1

http://www.diplom.de/e-book/219600/die-rolle-von-intermediaeren-zwischenhaend-
lern-auf-elektronischen-maerkten

Thomas Biegel

Die Rolle von Intermediären (Zwischenhändlern) auf elektronischen Märkten
Eine institutionenökonomische Betrachtung

Diplomarbeit
an der Albert-Ludwigs-Universität Freiburg
Lehrstuhl für Prof. Dr. Günter Müller
4 Monate Bearbeitungsdauer
November 1996 Abgabe

Diplom.de

Diplomica GmbH
Hermannstal 119k
22119 Hamburg

Fon: 040 / 655 99 20
Fax: 040 / 655 99 222

agentur@diplom.de
www.diplom.de

ID 3961
Biegel, Thomas: Die Rolle von Intermediären (Zwischenhändlern) auf elektronischen
Märkten · Eine institutionenökonomische Betrachtung
Hamburg: Diplomica GmbH, 2001
Zugl.: Freiburg im Breisgau, Universität, Diplomarbeit, 1996

Diplomica GmbH
http://www.diplom.de, Hamburg 2001
Printed in Germany

Inhaltsverzeichnis

Abbildungsverzeichnis

Abkürzungsverzeichnis

A .... Anbieter
ACM .... Association for Computing Machinery
BBB .... Better Business/Bit Bureaus
CCEM .... Competence Center Electronic Markets
CD .... Compact Disc
COOCS .... Conference on Organizational Computing Systems
EBS .... Elektronische Börse Schweiz
EM .... Elektronische Märkte/Electronic Markets
EMB .... Electronic Mall Bodensee
erw. .... erweitert(e)
ESI .... Electronic Share Information
FedEx .... Federal Express
GII .... Global Information Infrastructure
GNN .... Global Network Navigator
GUI .... Graphical User Interface
Html .... Hypertext Markup Language
http .... Hypertext Transfer Protocol
HWB .... Handwörterbuch der Betriebswirtschaft
I .... Intermediär
IBM .... International Business Machines
IDC .... International Data Corporation
IEEE .... Institute of Electrical and Electronics Engineers
IKT .... Informations- und Kommunikationstechnologie(n)
IM .... Informationsmanagement
INTERCHI .... Conference on Human Factors in Computing Systems
io .... Information und Organisation (Management) (Zeitschrift)
IOS .... Interorganisatorische Informationssysteme
JITE .... Journal of Institutional and Theoretical Economics
K .... Konsument
MIS .... Management Information Systems (Quarterly) (Zeitschrift)
N .... Nachfrager
NII .... National Information Infrastructure
OTA .... Office of Technology Assessment
P .... Produzent
PC .... Personal Computer
PO .... Prüfungsordnung
PPB .... Planning-Programing-Budgeting
SABRE .... Semi-Automated Business Research Environment
SEMPER .... Secure Electronic Marketplace for Europe
SOHO .... Small Office, Home Office
SWICO .... Schweizerischer Wirtschaftsverband der Informations-
                            Kommunikations- und Organisationstechnik
T_i .... Transaktionskosten
TKT .... Transaktionskostentheorie
UPS .... United Parcel Service
URL .... Uniform Resource Locator
VAP .... Value-Added-Partnership
WIK .... Wissenschaftliches Institut für Kommunikationsdienste
WiSt .... Wirtschaftswissenschaftliches Studium (Zeitschrift)
WISU .... Das Wirtschaftsstudium (Zeitschrift)

WWW .... World Wide Web
zit. .... zitiert
ZWS .... Zeitschrift für Wirtschafts- und Sozialwissenschaften

1. Überblick über Themenfeld und Aufbau

1.1. Ökonomische Auswirkungen moderner Informations- und Kommunikationstechnologien

Deutschland befindet sich ebenso wie andere hochentwickelte Industrienationen auf dem Weg in die Informationsgesellschaft des 21. Jahrhunderts. Wissen und Information werden immer mehr zu einem bestimmenden Faktor in Wirtschaft und Gesellschaft. Der rasante Fortschritt im Bereich der modernen Informations- und Kommunikationstechnologien hat fundamentale Auswirkungen auf die bisherigen Wirtschaftsstrukturen und -prozesse. Diese Entwicklung ist vergleichbar mit den industriellen Revolutionen der letzten Jahrhunderte. Siegmar Mosdorf (Mitglied des Bundestages) spricht von einem „ökonomischen, technologischen und kulturellen Quantensprung".[1] Die Möglichkeit des schnellen und weltweiten Austauschs von Wissen und Information führt zu einem Abbau bisheriger raumzeitlicher Beschränkungen und macht deshalb die Produktion von Gütern und Dienstleistungen zunehmend standortunabhängig. Begriffe wie „Global Village" oder „Global Workspace" sollen diese Entwicklung kennzeichnen.

In wirtschaftlicher Hinsicht hat sich die Informations- und Medienbranche zu einem der weltweit bedeutendsten Wirtschaftszweige entwickelt. Die zukünftigen Infrastrukturen führen zu einer globalen Neuverteilung der ökonomischen Aktivitäten, speziell der Arbeit. Direkt oder indirekt sind bereits 60 Prozent aller Arbeitsplätze durch Informations- und Kommunikationstechniken geprägt. Gemessen an den Beschäftigungsanteilen der westlichen Industrienationen verliert der Produktionssektor zunehmend an Bedeutung. Der Agrarsektor stellt ein Minimum an Arbeitsplätzen zur Verfügung. In klassischen Dienstleistungsbereichen wie der Banken- oder Versicherungsbranche wird die Beschäftigung eher stagnieren. Aus technischer Sicht wird die Verlagerung der Arbeit in Billiglohnländer immer einfacher. Dafür sollen in den nächsten Jahren Tausende von Arbeitsplätzen in der Informationswirtschaft entstehen.[2] In den USA ist es der Regierung Clinton/Gore bereits gelungen die Bedeutung des Themas Informationsgesellschaft unter dem Schlagwort „National Information Infrastructure (NII)" einer breiten Öffentlichkeit zugänglich zu machen. Ziel soll jedoch die Etablierung einer „Global Information Infrastructure (GII)" sein.

---

1. Mosdorf, S., Kommission, 1996, S. 1.
2. Es wird damit gerechnet, daß die Informationstechnik ab dem Jahr 2000 mehr Arbeitsplätze zur Verfügung stellt als beispielsweise die Automobilindustrie, vgl. dazu Tauss, J., Informationsgesellschaft, 1995, S.1.

Die vertikale und funktionale Organisation der Märkte ist eine Funktion der verfügbaren Technologien. Wenn diese sich ändern - die Entwicklung von Telefon, Satellitenübertragung, Verkehrssytemen etc. - ändert sich die zugrundeliegende Organisation. In dieser Arbeit wird die Institutionenökonomik mit Aspekten der Organisationstheorie und der Telematik kombiniert, um Auswirkungen moderner Informations- und Kommunikationstechnologien auf die Struktur der vertikalen Wertschöpfungskette, insbesondere auf die Funktion der Intermediäre, zu identifizieren.

1.2. Zielsetzung und Abgrenzung des Themas

In einer ökonomischen Welt der Arbeitsteilung und Spezialisierung tauschen Wirtschaftssubjekte Güter aus, um ihren Nutzen zu maximieren. Infolge dieser Transaktionen entstehen für ein Wirtschaftssubjekt Kosten bei der Suche nach potentiellen Partnern, bei Verhandlungen mit diesen und bei der Abwicklung einer Transaktion. Austauschbeziehungen auf Märkten verursachen aufgrund der Masse von Marktteilnehmern und den daraus folgenden Abstimmungsschwierigkeiten erhöhte Transaktionskosten.

Aus Sicht der Institutionenökonomik haben Institutionen die Funktion, Transaktionskosten zu minimieren. Zu diesem Zweck können Leistungen in einer hierarchischen Beziehung vertikal integriert werden, oder Intermediäre treten als spezialisierte Institution für die Einsparung von Transaktionskosten auf. Der Intermediär - synonym werden die Begriffe Zwischenhändler, Vermittler, Handelsmittler benutzt - ist eine organisatorische Einheit, die auf klassischen Märkten zwischen Transaktionspartnern auf beiden Marktseiten vermittelt und bestimmte Funktionen wahrnimmt, die den Aufwand sowohl der Anbieter als auch der Nachfrager beim Austausch von Gütern verringern.

Der Ausbau informations- und kommunikationstechnischer Infrastrukturen ermöglicht zunehmend den Austausch von Sach- und Dienstleistungen auf elektronischer Ebene. Auf einem vollständig realisierten elektronischen Markt handeln Wirtschaftssubjekte virtuell über alle Markttransaktionsphasen hinweg mit Gütern. Unter den Voraussetzungen, daß alle potentiellen Marktteilnehmer Zugang zu elektronischen Märkten haben und genügend Produkte vorhanden sind, die digitalisiert konsumiert werden können, ist die Etablierung von Wirtschaftsbeziehungen in einer virtuellen Welt möglich. Der Einsatz multimedialer Telematik wird signifikante Veränderungen in der Wertschöpfungskette und der organisatorischen Distributionsstruktur verursachen. Institutionen und Prozesse, die den Produzenten mit dem Konsumenten verbinden, können eine grundlegende Neuorientierung erfahren.

Ziel dieser Arbeit ist, die Rolle der Intermediäre auf elektronischen Märkten zu untersuchen. Welche Chancen und Risiken ergeben sich, und welche Funktionen erfüllen Intermediäre auf elektronischer Ebene? Wie werden ubiquitäre interaktive Informations- und Kommunikationstechnologien die Rolle der Intermediäre im Austauschprozeß zwischen Anbieter und Nachfrager beeinflussen?

Allgemein werden die Transaktionskosten zwischen Wirtschaftssubjekten durch technologische Innovationen gesenkt. Man könnte daraus schließen, daß beim Übergang von der konventionellen auf die elektronische Ebene die Intermediäre ihre Existenzberechtigung verlieren und eliminiert werden. Für Anbieter und Nachfrager gleichermaßen wird es einfacher sein, direkt miteinander in Kontakt zu treten, demnach also Zwischenstufen zu umgehen. Andererseits schaffen Netzwerk- und Kommunikationstechnologien eine Basis nicht nur für neue Formen von Intermediären, die den Ansprüchen der Endnutzer auf elektronischen Märkten gerecht werden, sondern auch für klassische Zwischenhändler, die von modernen Technologien profitieren und ihre Position im Markt festigen.

1.3. Aufbau der Arbeit

Die Gliederung der Arbeit folgt dem aufbauenden Prinzip. Die zur Betrachtung der Rolle von Intermediären notwendigen Bausteine Transaktionskostentheorie und elektronischer Markt werden schrittweise zusammengetragen. Das zweite Kapitel enthält die grundlegende Darstellung des Analyseinstrumentariums, das zur Beurteilung der Rolle der Intermediäre herangezogen wird. Nach Ausführungen über Institutionen und Organisationen werden Transaktionen und Transaktionskosten erläutert. Die zum Theoriegebäude der Neuen Institutionenökonomik zählende Transaktionskostentheorie dient zur Untersuchung der Entstehung und Entwicklung von Intermediären. Anschließend wird im dritten Kapitel das Wirkungsfeld definiert, in dem die zu untersuchenden Intermediäre agieren. Eingangs werden die Koordinationsformen auf elektronischer Ebene dargestellt, insbesondere die Etablierung elektronischer Märkte. Es wird diskutiert, wie sich die Transaktionskosten unter der Einwirkung von Informations- und Kommunikationstechnologien verän-

dern und welche Effekte sich für die Organisation der Wertschöpfungskette ergeben. Beispielhaft werden verschiedene Ausprägungsformen elektronischer Märkte
aufgezeigt. Der vierte Teil beinhaltet schließlich die Erörterung der Rolle von
Intermediären, beginnend mit der Beschreibung von Funktionen und Diensten
klassischer Zwischenhändler. Anhand einer transaktionskostentheoretischen Analyse wird die zukünftige Ausrichtung der Intermediäre auf elektronischen Märkten
gekennzeichnet. Das Bild vervollständigt sich durch die Darstellung neuer Dienstleistungen der Intermediäre auf elektronischer Ebene, insbesondere durch die Ausführungen über „Intelligent Agents". Zum Abschluß werden die
Schlußfolgerungen aus den aufgestellten Thesen gezogen und eine Einschätzung
der Rolle von Intermediären auf elektronischen Märkten gegeben.

2.   Transaktionskosten und Intermediäre

Der Kern des betriebs- und volkswirtschaftlichen Organisationsproblems besteht darin, die aus der Knappheit wirtschaftlicher Güter resultierenden Probleme durch arbeitsteilige Aufgabenerfüllung zu verringern. Arbeitsteilung und Spezialisierung verursachen in einer dynamischen Volkswirtschaft vermehrt Austauschbeziehungen zwischen Wirtschaftssubjekten. Die Organisation wirtschaftlicher Tätigkeiten und die Auswahl geeigneter Koordinationsformen erfordern hohen Aufwand an Information und Kommunikation. In den letzten zwei Jahrzehnten wurde das Forschungsgebiet der Neuen Institutionenökonomik zunehmend für die Systematisierung, Erklärung und Gestaltung organisatorischer Strukturen herangezogen. Anhand der neoklassischen Mikroökonomik wird die Bedeutung von Eigentumsrechten und Transaktionen für wirtschaftliche Institutionen untersucht, die Informations- und Kommunikationsprozesse rationalisieren.[1]

Im folgenden werden Institutionen und Organisationen definiert und die Transaktionskostentheorie als Spezialgebiet der Institutionenökonomik zur Untersuchung transaktionskostensenkender Organisationen behandelt. Nach Ausführungen über die Eigenschaften von Transaktionen werden Einflußgrößen auf die Entstehung von Intermediären diskutiert.

2.1.   Der Intermediär als Institution

Eine Institution wird als ein System von Normen beschrieben, die das soziale Handeln der Individuen steuert. Anhand eines stabilen Regelsystems soll das menschliche Verhalten gelenkt und koordiniert werden.[2] Die vorrangigen Ziele, die mit der Einrichtung von Institutionen verfolgt werden, sind, Unsicherheiten zu reduzieren, Anreize zu setzen und in ökonomischer Hinsicht Transaktionskosten zu senken. Ökonomische Institutionen können demnach Märkte, Unternehmungen, ein Rechtssystem, Geld, Verträge oder Organisationsstrukturen sein.[3]

Unter dem Aspekt der institutionellen Analyse, die untersucht, warum bestimmte ökonomische Institutionen und Organisationsformen existieren und manche sich

---

1. Die Aktivität der Transaktion wird gemäß der neoklassischen Mikroökonomik den herkömmlichen Wirtschaftseinheiten (Produzenten, Konsumenten) zugeschrieben. Erst mit Hilfe einer erweiterten mikroökonomischen Sichtweise auf neu eingeführte Wirtschaftseinheiten (bspw. Intermediäre) lassen sich Merkmale wie Handelsspannen erklären. Vgl. dazu Richter, R./Furubotn, E., Institutionenökonomik, 1996, S. 62.
2. Vgl. Richter, R., Institutionen, 1990, S. 572.
3. Vgl. dazu auch Richter, R., Institutionen, 1996, S. 5ff.

im Wettbewerb nicht durchgesetzt haben, spielen Intermediäre bei den institutionellen Bedingungen für den Weg eines Produktes vom Hersteller zum Käufer eine
bedeutende Rolle.[4] Die Wahl der Distributionsstruktur stellt ein Organisationspro-
blem dar, das auf der Grundlage der Transaktionskostentheorie behandelt wird. Es
wird untersucht, welche Struktur für die jeweilige Produktart bzw. das jeweilige
Marktsegment die geringsten Transaktionskosten verursacht. Dazu werden die
relevanten Einflußgrößen der Transaktionskosten identifiziert, die darüber entscheiden, wann ein Produkt direkt oder unter Einschaltung von Intermediären
transferiert wird (vgl. auch Abb. 2-1).[5]

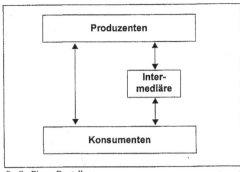

Quelle: Eigene Darstellung

Abb. 2-1: Vereinfachtes Marktmodell

Der Zusammenhang zwischen Institution und Organisation läßt sich anhand einer
Analogie aus dem Sport illustrieren. Institutionen entsprechen Spielregeln, die den
Rahmen der menschlichen Interaktion bestimmen. Die Akteure, die sich nach diesen Spielregeln richten, sind Organisationen, bestehend aus Einzelpersonen, die
durch die Erreichung eines gemeinsamen Zieles verbunden sind. Die Spielregeln
bestimmen die Art und Weise, wie das Spiel zu spielen ist und die Spieler versuchen im Rahmen dieser Regeln durch Kombination von Können, Strategie und
Koordination das Spiel zu gewinnen.[6]

Der Intermediär als ökonomische Institution ist eine organisatorische Einheit in der
Institution des Marktes. Seine wirtschaftliche Legitimation bezieht er aus der Tat-

---

4. Zu weiteren Fragestellungen im Bereich der Absatzwegegestaltung wie Personalpro-
   bleme und Freiheitsgrade siehe Marr, R./Picot, A., Absatz, 1991, S. 696.
5. Vgl. Kapitel 2.3.2., S. 23-28.
6. Vgl. North, D., Wandel, 1992, S. 4f.

sache, daß er als eine transaktionskostensenkende Institution zwischen den Stufen Produzent und Konsument eingesetzt wird.

Der Begriff Intermediär kommt aus dem englischen Sprachgebrauch und spielt meiner Ansicht nach auf die technische Komponente der Vermittlung auf elektronischer Ebene an. Zwischenhändler werden meist mit konventionellen Märkten in Verbindung gebracht.

2.2. Die Transaktionskostentheorie (TKT) im Rahmen der Neuen Institutionenökonomik

Die Beziehungen, in denen Individuen und Sachen zueinander stehen, werden von den Vertretern der Institutionenökonomik als Verfügungsrechte der Individuen bezeichnet. Diese Verfügungsrechte werden unterschieden in Gebrauchsmöglichkeiten - das Eigentum an einer Sache - und in Verhaltensanforderungen wie der Anspruch aus einem Kaufvertrag. Eine Übertragung dieser Verfügungsrechte ist eine sogenannte Transaktion.

Der Referenzpunkt für die Neue Institutionenökonomik ist eine imaginäre Welt ohne Transaktionskosten (Kosten für die Übertragung von Verfügungsrechten), mit symmetrischen Informationen und vollständiger Voraussicht. Ohne Transaktionskosten entstehen allerdings keine ökonomischen Institutionen wie etwa Geld, Unternehmungen oder auch Intermediäre, da alle Individuen ihren Nutzen perfekt maximieren und es gleichgültig ist, wie organisiert wird. Erst Ronald Coase erkannte, daß die Annahme von Transaktionskosten die Existenz von Unternehmungen erklären kann. Eine zentrale Rolle in der Neuen Institutionenökonomik spielt somit der Begriff der Transaktionskosten.[7]

Ursprünglich wurde der Begriff der Neuen Institutionenökonomik für die von O. E. Williamson entwickelte Transaktionskosten-Ökonomik benutzt. Inzwischen werden drei unterschiedliche Forschungsrichtungen unter diesem Begriff zusammengefaßt:[8]

• Die **Property-Rights Analyse**, die untersucht, wie die Verteilung der Verfügungsrechte über knappe Ressourcen das Verhalten der betroffenen Individuen in vorhersehbarer Weise beeinflußt.

---

7. Vgl. Richter, R./Bindseil, U., Institutionenökonomik, 1995, S. 132.
8. Vgl. Thiele, M., Institutionenökonomik, 1994, S. 993ff.

- Der **Prinzipal-Agent Ansatz**, auch Vertretungstheorie genannt, der die ökonomische Beziehung zwischen zwei Vertragspartnern behandelt, von denen der Agent gewisse Aktionen durchzuführen hat, der Prinzipal aber dessen Aktionen nicht beobachten kann.

- Die **Transaktionskosten-Ökonomik**, die die Vielgestaltigkeit von Verträgen und Austauschbeziehungen zwischen privaten Wirtschaftssubjekten auf die Kosten der Markt- bzw. Hierarchiebenutzung zurückführt.

Relevant für das Thema der Arbeit ist der Transaktionskostenansatz, der behauptet, daß ökonomische Institutionen die Einsparung von Transaktionskosten bezwecken und bewirken.[9] Im Zentrum der Betrachtung steht die einzelne Transaktion, also die Austauschbeziehung zwischen Individuen. Nach Williamson kann jede ökonomische Beziehung, die sich als Vertragsproblem formulieren läßt, als ein Transaktionskostenproblem angesehen werden. Verschiedene Koordinationsformen werden unter Einbeziehung der Vertragstheorie diskutiert. Koordinationsformen sind gemäß der Transaktionskostentheorie effizient, wenn die Abstimmungsprobleme innerhalb der Koordinationsform - die Transaktionskosten verursachen - möglichst gering sind.[10]

Die mikroökonomische Theorie, speziell die Neoklassik, hat sich zum Ziel gesetzt, die Allokation knapper Ressourcen zu untersuchen. In diesem Denkmodell findet die Koordination ökonomischer Aktivitäten - unter der Voraussetzung vollkommener Märkte - nur mit Hilfe des Preismechanismus statt. Ronald Coase hat in seinem 1937 erschienenen Aufsatz festgestellt, daß die Koordination über den Markt Kosten verursacht und sich daraufhin Unternehmen entwickeln, die alternativ zur Organisationsform des Marktes Koordinationsprobleme lösen können.[11] Auf dieser These baut die Transaktionskostentheorie auf, die nicht nur die Existenz von Unternehmungen erklärt, sondern auch komparative Vorteile von Hierarchien gegenüber dem marktlichen Tausch aufzeigt. Darüber hinaus leistet die Vorgehensweise dieser Theorie einen überzeugenden Beitrag bei der Analyse der „Grenzen" der Unternehmung. Wann entscheidet sich eine Unternehmung dafür, Leistungen vertikal zu integrieren, d.h. sich hierarchischer Strukturen zu bedienen, oder Transaktionen über den Markt abzuwickeln?[12] Die Frage nach Eigenferti-

---

9. Vgl. Thiele, M., Institutionenökonomik, 1994, S. 993.
10. Vgl. Williamson, O., Institutionen, 1985, S. 26f.
11. Vgl. Picot, A., Coase, 1992, S. 80.
12. Vgl. dazu auch Anderson, E./Weitz, B., Make-or-Buy, 1986, S. 3f., die diese Entscheidung auf die Perspektive des Absatzmarktes beziehen, im Sinne der Alternativen vertikale Integration oder Marketingaktivitäten.

gung oder Fremdbezug („Make-or-Buy") eröffnet eine erweiterte Perspektive, in der Parallelen dieser Denkrichtung auf dem Gebiet der Distribution untersucht werden. Statt der Entscheidung Eingenfertigung oder Fremdbezug wird analog die Problemstellung Eigenabsatz oder Fremdabsatz diskutiert.[13] Diese Ableitung halte ich für bedenklich, da auf zwei verschiedenen Ebenen argumentiert wird. Der Unterschied zwischen Make or Buy orientiert sich noch an einem Markt-Hierarchie-Paradigma, während die Wahl zwischen Eigenabsatz oder Fremdabsatz allein in einer marktmäßigen Umgebung getroffen wird. Die vorliegende Arbeit konzentriert sich auf die Untersuchung der Bedingungen, unter denen Effizienzgesichtspunkte dafür sprechen, daß Intermediäre auf Märkten die Aufgabe des Fremdabsatzes übernehmen.[14] Die Transaktionskostentheorie dient dabei als grundlegendes Entscheidungsinstrumentarium für die Wahl zwischen Direktvertrieb oder der Vermittlung durch Intermediäre. Um allerdings die Beziehung zwischen Transaktionskosten und Organisationsproblemen fundiert diskutieren zu können, wird im Laufe der Arbeit stellenweise auf die Markt-Hierarchie-Betrachtung rekurriert. Diese Sichtweise findet auf elektronischer Ebene ihre Entsprechung durch die Diskussion über elektronische Hierarchien und elektronische Märkte.

2.2.1. Transaktionskosten und Transaktionen

Transaktionskosten fallen im Zusammenhang mit der Bestimmung, Übertragung und Durchsetzung von Verfügungsrechten (für einen bestimmten Leistungsaustausch) an. Arrow beschreibt Transaktionskosten als „Betriebskosten des Wirtschaftssystems".[15] Allgemein werden Transaktionskosten auch als „Reibungskosten" verstanden, die auftreten, wenn die Beteiligten auf Märkten oder in Unternehmungen verschiedene Interessen verfolgen und dadurch Abstimmungsschwierigkeiten entstehen (z.B. zwischen Anbietern und Nachfragern). Coase erkennt in der Benutzung des Preismechanismus des Marktes die Ursache

---

13. Vgl. Picot, A., Transaktionskosten, 1986, S. 2, der unter Eigenabsatz Direktvertrieb versteht. Ähnlich auch Anderson, E./Weitz, B., Make-or-Buy, 1986, S. 13, die mit der Ineffizienz bürokratischer Organisationen (in diesem Fall Unternehmungen) als Grund für die Ausübung der Marketingaktivitäten durch unabhängige Intermediäre argumentieren.

14. Die Aufgabe des Fremdabsatzes ist dabei nur eine Betätigungsmöglichkeit für Intermediäre auf elektronischen Märkten (siehe Handelsfunktionen in Kapitel 4.3.1., S. 60ff.); vgl. dazu auch Rangan, K./Menezes, M./Meier, E., Channel, 1992, S. 72f., die ein Modell entworfen haben, das mit Hilfe der TKT ermöglicht, acht Marketingfunktionen in direkte oder indirekte Distribution einzuteilen.

15. Vgl. Williamson, O., Institutionen, 1985, S. 21 (nach einem Zitat von Arrow, K., Organization, 1969, S. 48: „...costs of running the economic system...").

von Transaktionskosten. Im gleichen Absatz erwähnt er allerdings schon den Nutzen sogenannter „Specialists", die diese Kosten reduzieren können.[16]

Unter Transaktionskosten werden einmal fixe Kosten für die Bereitstellung, Aufrechterhaltung und Umorganisation von Institutionen verstanden und laufende Kosten der Nutzung von Institutionen.[17] Laufende Transaktionskosten entstehen in erster Linie beim Austausch von für die Koordination erforderlichen Informationen und werden deswegen auch als Kommunikationskosten bezeichnet.[18] Für die nachfolgenden Betrachtungen sind vor allem die laufenden Kosten relevant, da Transaktionskosten in bezug auf die Nutzung von Intermediären untersucht werden.

Die Meßbarkeit von Transaktionskosten ist mit einigen Schwierigkeiten verbunden, da wie oben erwähnt nicht der physische Leistungsaustausch, sondern die Übertragung von Verfügungsrechten im Mittelpunkt der Betrachtung steht. Ist die Operationalisierbarkeit möglich wie bei Telefongebühren oder Maklerprovisionen, sind die Kosten monetär erfaßbar. Komponenten wie Mühe und Zeitaufwand sind dagegen nur subjektiv bewertbar. Die Schätzungen über die Gesamthöhe der Transaktionskosten in westlichen Industrienationen gehen von 55% bis 70-80% des Bruttosozialproduktes.[19] Bei Anwendung der Transaktionskostentheorie kommt es allerdings weniger auf die absolute Höhe der Transaktionskosten an. Vielmehr wird mit Hilfe der komparativen Effizienz entschieden, welche Koordinationsform Kostenvorteile bei der Gestaltung von Austauschrelationen aufweist.[20] „Transaktionskosten sind damit der Effizienzmaßstab zur Beurteilung und Auswahl unterschiedlicher institutioneller Arrangements."[21]

Bei den Transaktionskosten handelt es sich hauptsächlich um Informations- und Kommunikationskosten, die folgendermaßen definiert werden können:[22]

• **Informationskosten** (auch Anbahnungskosten): Da die Wirtschaftssubjekte nicht immer vollständig informiert sind, entstehen Kosten bei der Suche nach möglichen Vertragspartnern, bei der Informationsbeschaffung über Preise und

16. Vgl. Coase, R., Firm, 1937, S. 390, der m. E. auf die Rolle der Intermediäre bei der Informationsvermittlung anspielt.
17. Vgl. Richter, R., Institutionen, 1994, S. 6.
18. Vgl. Streit, M., Wirtschaftspolitik, 1991, S. 71 und 74.
19. Vgl. Wallis, J./North, D., Transaction, 1986, S. 120-125; vgl. Richter, R., Institutionen, 1994, S. 9.
20. Vgl. Fischer, M., Transaktionskosten, 1994, S. 582.
21. Picot, A./Reichwald, R./Wigand, R., Unternehmung, 1996, S. 41.
22. Vgl. Picot, A., Transaktionskostenansatz, 1993, S. 4196; vgl. aber auch Hildebrandt, K., Transaktionskostenansatz, 1990, S. 153.

Konditionen, aber auch bei der Prüfung der Qualität potentieller Handelsobjekte.

- **Vereinbarungskosten**: Die Kosten für die Aushandlung und den Abschluß von Verträgen beziehen sich auf die zeitliche Ausdehnung von Verhandlungen, auf möglicherweise komplizierte Vertragsformulierungen und auf die Einigung zwischen den Parteien (Williamson bezeichnet sie als die Kosten des Feilschens).

- **Abwicklungskosten**: Kosten, die bei Steuerung und Management der Abwicklung einer Transaktion (z.B. Verpackungs-, Transport-, Versicherungskosten) anfallen.

In manchen Ausführungen werden noch Überwachungs- bzw. Kontrollkosten (zur Durchsetzung von Leistungspflichten und Sicherstellung der Einhaltung von Vereinbarungen) und Anpassungskosten (z. B. Kosten für die Durchsetzung nachträglicher quantitativer und qualitativer Änderungen oder für Anpassungen bei längerfristigen Verträgen, wenn zugrundeliegende Daten für die Zukunft nicht genau vorhergesagt werden können) differenziert.[23]

Relative Kosten für Märkte und Hierarchien		
Koordinations-form	Produktions-kosten	Transaktions-kosten
Märkte	gering	hoch
Hierarchien	hoch	gering

Quelle: in Anlehnung an Malone/Yates/Benjamin, Electronic Markets, 1987, S. 485

Abb. 2-2: Relative Kosten der Koordinationsformen

Transaktionskosten entstehen in Marktbeziehungen ebenso wie bei der arbeitsteiligen Aufgabenerfüllung in Nichtmarktorganisationen und werden häufig auch als Koordinationskosten bezeichnet.[24] Entsprechende Kosten innerhalb Unternehmungen fallen beispielsweise durch die Nutzung von Dienstverträgen oder die Erhaltung der Betriebsorganisation (Leitungs-, Kommunikations- und Kontrollsy-

---

23. Anpassungskosten und zum Teil auch Kontrollkosten finden zeitlich erst nach Abschluß des Vertrages Geltung. Vgl. z.B. Picot, A., Transaktionskostenansatz, 1993, S. 4196.
24. Vgl. Picot, A., Transaktionskosten, 1993, S. 4196.

stem) an. Ein Unterschied zwischen den beiden Koordinationsformen Markt und Hierarchie liegt darin, daß Transaktionskosten in Unternehmungen wesentlich niedriger ausfallen als auf dem Markt. Verhandlungen, Informationssuche, Zahlungsmodalitäten etc. verursachen im marktlichen Austausch erheblich höhere Kosten als in einer auf Weisung beruhenden Hierarchie. Andererseits sind durch Skaleneffekte und Größenvorteile Produktionskosten für den Handel auf Märkten relativ geringer, da in hierarchischen Beziehungen meist nur für wenige Abnehmer produziert wird (vgl. Abb. 2-2). Die in der Tabelle aufgeführten Bezeichnungen „hoch" und „gering" beziehen sich ausschließlich auf relative Vergleiche, nicht auf absolute Werte.[25]

2.2.2. Transaktionseigenschaften

Um die Effizienz der alternativen Koordinationsformen besser beurteilen zu können, hat Williamson drei wesentliche Eigenschaften einer Transaktion herausgearbeitet. Er unterscheidet Transaktionen nach Faktorspezifität, Unsicherheit und Häufigkeit, wobei er Spezifität als das wichtigste Kriterium einschätzt.[26]

2.2.2.1. Spezifität

Der Begriff der Spezifität wird meistens anhand von Quasi-Renten erläutert. Eine Quasi-Rente ist der Differenzbetrag zwischen einer „First-best"- und einer „Second-best"- Lösung. Wenn eine Investition nicht in ihrer beabsichtigten Weise eingesetzt wird (die First-best-Lösung), sondern nur in der nächstbesten Verwendungsmöglichkeit, entsteht ein Wertverlust. Der Spezifitätsgrad einer Transaktion wird umso höher, je größer der Wert der entsprechenden Quasi-Rente ist. Bei sehr hohen Spezifitätsgraden entwickeln sich bilaterale Austauschbeziehungen, die Williamson als „Small-Numbers-Situation" bezeichnet.[27] Der Extremfall wäre eine Eins-zu-Eins-Beziehung, in der sich ein Nachfrager und ein Anbieter gegenüber stehen. Dieser als „lock-in"-Effekt bezeichnete Sachverhalt verlangt nach integrativen und stabilen Verhältnissen zwischen den Verhandlungspartnern. Hohe Spezifität führt demnach tendenziell zu einer hierarchischen Ausrichtung der öko-

---

25. Vgl. Malone, T./Yates, J./Benjamin, R., Markets, 1987, S. 485.
26. Vgl. Williamson, O., Corporation, 1981, S. 1546.
27. In einer Small-Numbers-Situation stehen wenige Transaktionspartner in einem gegenseitigen Abhängigkeitsverhältnis; vgl. Williamson, O., Markets, 1975, S. 27f.

nomischen Aktivitäten.[28] Umgekehrt ist die Marktlösung beim Austausch unspezifischer, weitgehend standardisierter Leistungen überlegen, wie Abbildung 2-3 verdeutlicht.

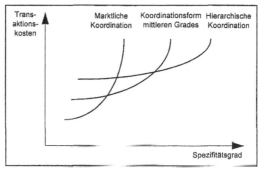

Quelle: Picot, Transaktionskostenansatz, 1991, S. 4200

Abb. 2-3: Zusammenhang zwischen Transaktionskosten, Spezifitätsgrad und Koordinationsform

Zudem wird in ex ante- und ex post-Spezifität unterschieden. Bei einigen Transaktionen werden von vorneherein spezifische Investitionen vorausgesetzt (ex ante-Spezifität), während Transaktionen von Standardgütern mit einem konkurrenzintensiven Wettbewerb beginnen. Sobald sich über einen längeren Zeitraum bestimmte Transaktionspartnerschaften herausbilden, haben diese die Möglichkeit, idiosynkratisches Wissen gegenüber Mitkonkurrenten zu erwerben. Dieser Vorteil wird als „first-mover-advantage" bezeichnet. Eine Situation, die ex ante unspezifische Transaktionseigenschaften aufweist, wird im Laufe der Zeit, durch Aneignung transaktionsspezifischer Fähigkeiten und Erfahrung, zu einer monopolartigen Beziehung, die sich ex post durch einen hohen Spezifitätsgrad auszeichnet. Diese von Williamson „fundamentale Transformation" genannte Entwicklung ebenso wie Spezifität im allgemeinen werden als die Hauptfaktoren für das Auftreten von Transaktionsproblemen identifiziert und zählen somit auch zu einem Auslöser hoher Transaktionskosten.

---

28. Kaas, K./Fischer, M., Transaktionskostenansatz, 1993, S. 688, unterscheiden die fünf Formen Standort-, Sachkapital-, Humankapitalspezifität, zweckgebundene Sachwerte und markenspezifisches Kapital als transaktionsspezifische Investitionen.

2.2.2.2. Unsicherheit/Komplexität

Der Unsicherheitsfaktor entsteht durch die sich ständig verändernde Umwelt. Da die Zukunft nicht perfekt antizipiert werden kann, finden Vertragsverhandlungen in Bezug auf die Festlegung von Preisen, Terminen, Konditionen und Mengen in einer unsicheren Umwelt statt. Wenn sich diese Variablen verändern, folgen Vertragsanpassungen, die von den Koordinationsformen Markt und Hierarchie in unterschiedlicher Effizienz gelöst werden. Die in einer Hierarchie erfolgenden Anpassungen durch Anweisung verursachen weniger Kosten als jene über den Markt durch Verhandlungen der Transaktionspartner. Das Kriterium der Unsicherheit wird häufig im Zusammenhang mit dem Faktor der Komplexität genannt. Komplexität kann auch unter sicheren Umweltbedingungen gegeben sein, allerdings sind die einzelnen Zusammenhänge von Menschen nicht mehr vollständig überschaubar. Je komplexer sich Leistungsbeziehungen darstellen, umso mehr wird auf Organisationsformen zurückgegriffen, die eine stärkere Einbindung der Transaktionspartner gewährleisten.

2.2.2.3. Häufigkeit

Der Häufigkeit als transaktionsspezifischem Faktor kommt eine eher untergeordnete Bedeutung zu. Je häufiger gleichwertige Transaktionen vorgenommen werden, um so niedriger sind die Transaktionskosten. Lerneffekte und ein gestiegenes Vertrauensverhältnis machen den folgenden Leistungsaustausch günstiger. Getätigte Investitionen lassen sich durch häufig wiederholte Transaktionen zudem schneller amortisieren.

Allgemein läßt sich konstatieren, daß die Wahrscheinlichkeit für eine hierarchische Koordination höher ist, wenn Transaktionen einen hohen Spezifitätsgrad aufweisen, in einer eher unsicheren Umwelt stattfinden und nur einmal abgewickelt werden. Für den Marktaustausch eignen sich demnach standardisierte Sach- oder Dienstleistungen, die kurzfristig und wiederholt gehandelt werden.

2.2.3. Organizational Failure Framework

Die drei Eigenschaften Spezifität, Unsicherheit und Häufigkeit wurden für die Theorie von Coase als wesentliche Einflußgrößen auf die Höhe der Transaktionskosten bestimmt.[29] Darauf aufbauend hat O. E. Williamson einen analytischen

Bezugsrahmen entwickelt, mit dem die Frage beantwortet werden kann, wann sich eine Unternehmung dafür entscheidet, entweder über den Markt aktiv zu werden oder die Leistungserstellung intern zu koordinieren. In diesem Organizational Failure Framework genannten Modell stellen die oben behandelten Kriterien Unsicherheit und Spezifität die Umweltfaktoren dar.[30] Diese werden kombiniert betrachtet mit den Verhaltensannahmen der Begrenzten Rationalität und des Opportunismus, die den Menschen als Schöpfer von Verträgen charakterisieren.[31] Obwohl sich dieses Modell in erster Linie auf Untersuchungen im Beschaffungsmarkt stützt, sind die zentralen Schlußfolgerungen so allgemein gefaßt, daß sie im Rahmen der Transaktionskostentheorie auch auf Koordinationsprobleme angewandt werden können, die in der vorliegenden Arbeit im Mittelpunkt stehen.

2.2.3.1 Begrenzte Rationalität

Die neoklassische Theorie geht von der Annahme aus, daß der Mensch als homo oeconomicus rational handelt. In der Realität gelingt dies aber nur in begrenztem Maß. Die beschränkte Informationsaufnahme- und -verarbeitungskapazität des Menschen führt zur Annahme von begrenzter Rationalität.[32] Überdies können individuelles Wissen und menschliche Fähigkeiten nur in begrenztem Maß kommunikativ weitergegeben werden.

2.2.3.2. Opportunismus

Der Mensch ist in großem Maße bestrebt, sich eigene Vorteile zu verschaffen. Aus diesem Grunde führt Williamson als zweite Verhaltensannahme den Opportunismus des Menschen an. Er versteht darunter die Verfolgung von Eigeninteresse unter Zuhilfenahme von List, was im Grunde eine Verschärfung der Annahme der individuellen Nutzenmaximierung ist. Wirtschaftssubjekte handeln strategisch im Sinne einer egoistischen Ausnutzung von günstigen Situationen.

---

29. Vgl. Picot, A., Coase, 1992, S. 80.
30. Vgl, Williamson, O., Markets, 1975, S. 80ff. Der Organizational-Failure-Ansatz als Methode der institutionellen Analyse geht bis auf Karl Marx zurück, erlangt aber neuerdings wieder großes Gewicht; vgl. dazu Geigant, F., Volkswirtschaft, 1994, S. 591f.
31. Vgl. Williamson, O., Institutionen, 1985, S. 49 ff.
32. Vgl. Williamson, O., Markets, 1975, S. 21f.; aber auch Geigant, F., Volkswirtschaft, 1994, S. 764f.

2.2.3.3. Informationsverkeilung

Transaktionsprobleme treten immer dann auf, wenn bestimmte Konstellationen von Umweltfaktoren und Verhaltensannahmen entstehen. Hauptsächlich wenn hohe Spezifität einer Transaktion auf opportunistisches Verhalten trifft oder Unsicherheit mit beschränkter Rationalität in Verbindung kommt, entstehen Abstimmungsschwierigkeiten (vgl. Abb. 2-4).[33] Dieses Phänomen bezeichnet Williamson als Informationsverkeilung (Information Impactedness).[34] Zwischen den Transaktionspartnern herrscht eine asymmetrische Verteilung von Informationen, die Transaktionsbeziehung wird problematisch. In diesem Fall ist eine über den klassischen Markt abgewickelte Transaktion aufgrund des hohen Koordinationsbedarfs zu kostenintensiv. Zwei Möglichkeiten stehen zur Verfügung, um Transaktionskosten zu reduzieren. Zum einen die engere Einbindung der Transaktionspartner, wie es in hierarchischen Strukturen der Fall ist.[35] Andererseits hilft der Einsatz von Handelsmittlern bzw. Intermediären, die Transaktionskosten zu senken.

Außer den drei transaktionsspezifischen Faktoren und den zwei Verhaltensannahmen von Williamson gibt es noch weitere, jedoch nachrangige Kriterien, die Bedeutung für die Transaktion und damit auch für die Wahl der Transaktionsbeziehung haben. In der Literatur werden hier die Transaktionsatmosphäre und die Verfügbarkeit von Know-How und Kapital genannt.[36]

Mit der Transaktionsatmosphäre werden alle sozialen, rechtlichen und technologischen Rahmenbedingungen abgedeckt. Dazu zählen beispielsweise „credible commitments", glaubhafte Zusicherungen der Transaktionspartner, um gegenseitiges Vertrauen aufzubauen, aber auch moderne Informations- und Kommunikationstechnologien, die Möglichkeiten der Informationsbeschaffung und -verarbeitung verbessern.[37]

Als weitere Einflußgröße wird die Verfügbarkeit von Know-How und Kapital angeführt, womit das Potential eines Wirtschaftssubjektes an finanziellen Mitteln und Fachwissen gemeint ist. Falls bspw. ein Mangel an Know-How besteht, ist die

---

33. Vgl. Williamson, O., Markets, 1975, S. 31-40.
34. Der Begriff der Informationsverkeilung stammt aus der Theorie der Systemplanung, in der Prinzipal und Agent verschiedene private Informationen besitzen; vgl. Williamson, O., Institutionen, 1985, S. 58.
35. Hierarchische Strukturen bieten allerdings keine Garantie gegen Opportunismus. Auch innerhalb vertikal integrierter Beziehungen ist es möglich, daß Wirtschaftssubjekte nicht mit bestem Wissen und Gewissen für den Transaktionspartner agieren; vgl. Granovetter, M., Social, 1985, S. 494-498.
36. Vgl. Picot, A./Dietl, H., Transaktionskostentheorie, 1990. S. 180; ebenso Picot, A./ Reichwald, R./Wigand, R., Unternehmung, 1996, S. 44.

Tendenz dahingehend, Leistungen nicht innerhalb hierarchischer Strukturen zu erstellen, sondern unter Inkaufnahme von Transaktionskosten die erforderlichen Sach- oder Dienstleistungen über den Markt zu beziehen.

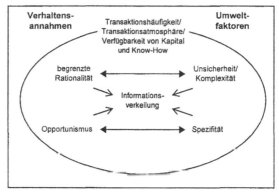

Quelle: in Anlehnung an Picot/Reichwald/Wigand, Unternehmung, 1996, S. 42 und Williamson, Markets, 1975, S. 40

Abb. 2-4: Einflußgrößen auf die Transaktionskosten

2.2.4. Autonomiegrad der Kontaktparteien

Auf der Grundlage aller aufgezeigten Einflußfaktoren, die eine Transaktion sowie die Transaktionskosten bestimmen, läßt sich nun eine Typisierung denkbarer Vereinbarungsformen zwischen Transaktionspartnern unter Einbeziehung der Vertragstheorie vornehmen. Insbesondere den drei Vertragstypen des Soziologen MacNeil kommt hier besondere Aufmerksamkeit zu:[38]

Das **klassische Vertragsrecht,** welches sich auf diskrete, einfache Transaktionen bezieht, findet auf Märkten seine Anwendung. Standardisierte Produkte werden vorwiegend mittels kurzfristiger Kaufverträge gehandelt. Innerhalb dieses Vertragsrahmens spielt sich auch die koordinierende Tätigkeit der Intermediäre ab. Am anderen Ende des Spektrums stehen hierarchisch geprägte Koordinationsfor-

---

37. Vertrauensbildende Faktoren wie Verwandtschaft oder traditionelle Beziehungen sind in ihrer transaktionskostensenkenden Wirkung nicht zu unterschätzen. Für Außenstehende mögen bestimmte Verhältnisse ökonomisch ineffizient erscheinen. Unter subjektiven Gesichtspunkten können diese Handelsbeziehungen jedoch rentabel sein. Das hohe Maß an Vertrauen, das diese Beziehungen auszeichnet, führt zu geringeren Verhandlungs- bzw. Kontrollkosten für Sanktionsmaßnahmen, da opportunistisches Verhalten nahezu ausgeschlossen wird.
38. Vgl. Picot, A., Organisationstheorie, 1982, S. 273ff.; ebenso MacNeil, I., Contract, 1980, S. 10ff. und 72ff.

men, basierend auf **relationalen Verträgen**, die auf kontinuierlichen, im Detail wenig spezifizierten Leistungsaustausch angelegt sind. Im Mittelpunkt stehen dabei arbeitsrechtliche Dienstverträge wie bspw. bei der Bereitstellung besonderer Produktionsanlagen oder spezieller Steuerungssysteme.[39] Zwischen diesen beiden Vertragsformen sind Kooperationen bzw. strategisch flexible Unternehmensnetzwerke angesiedelt. Diese Koordinationsform bedient sich häufig des **neoklassischen Vertragsrechts** für längerfristige, komplizierte Transaktionen. Beide Vertragsseiten sind Unsicherheit und Opportunismus ausgesetzt und müssen somit Absicherungen vornehmen. Die Koordination der Transaktion erfolgt durch Vereinbarung. Beispiele hierfür sind der Bezug von Rohstoffen oder die Bereitstellung spezifischer Vorprodukte. Die Übergänge zwischen den einzelnen Koordinationsformen sind fließend, d.h. es kann auch zu Überschneidungen von Vertragstypen kommen.[40]

2.2.5. Komparative Vorteile der Hierarchie

Märkte gelten in der Regel als sehr effiziente Koordinationsformen, die über den Preismechanismus relevante Informationen zur Verfügung stellen.[41] Durch gewisse Austauschbeziehungen, die unter den beschriebenen Einflußfaktoren ablaufen, können allerdings Probleme entstehen, die der klassische Marktmechanismus nicht mehr in zufriedenstellender Form löst.[42] Um hohe Transaktionskosten zu vermeiden, kann auf hierarchische Strukturen zurückgegriffen werden. Einige Vorteile der hierarchisch organisierten Austauschbeziehungen sind beispielsweise die Einschränkung opportunistischen Verhaltens durch Anreiz-, Kontroll- und Sanktionssysteme oder die sichere Abwicklung hochspezifischer Leistungen durch gegenseitige Vertrauensbildung und längerfristige Verträge.[43]

Auf konventioneller Ebene weisen Hierarchien einen komparativen Vorteil gegen-

---

39. Dieser Vertragstyp findet vorwiegend auf Beschaffungsmärkten Anwendung, wo aus Sicht des Produzenten eine organisierte Zusammenarbeit mit anderen Lieferanten und dem Auftraggeber erforderlich ist.
40. Sydow, J., Unternehmensnetzwerke, 1991, S. 14, sieht Netzwerkbeziehungen auch auf der Grundlage relationalen Vertragsrechts, das vor allem die Organisiertheit der Beziehung regelt.
41. Vgl. Hayek, F., Knowledge, 1945, S. 527, der die Rolle des Preissystems und dessen Kommunikationsmechanismus als ein „Wunder" bezeichnet.
42. Auch innerhalb der marktlichen Koordination kann differenziert werden. Auf einer hochgradig organisierten Börse sind die Reibungskosten wesentlich niedriger als bspw. beim Kauf einer komplexen Anlage über den Markt; vgl. Streit, M., Wirtschaftspolitik, 1991, S. 72.
43. Anderson, E./Weitz, B., Make-or-Buy, 1986, S. 18, behaupten, daß komparative Vorteile der Hierarchien nur entstehen, wenn die Wettbewerbskräfte des Marktes versagen.

über Märkten auf. Unter dem Einsatz von modernen Informations- und Kommunikationstechnologien kann sich dieser Vorteil jedoch umkehren, und der Güteraustausch durch Aktivitäten auf dem Markt gewinnt an Bedeutung. Der Einsatz von Intermediären zur Senkung von Transaktionskosten kann nur auf der Basis marktmäßigen Tausches stattfinden.

2.3. Die Rolle der Intermediäre in der Transaktionskostentheorie

Die Frage, die sich jetzt stellt, ist, welche Rolle die Intermediäre in der Welt der Transaktionskosten spielen. Wenn man den Ursprung aller Austauschbeziehungen betrachtet, stellt man fest, daß in einer Welt ohne Arbeitsteilung jedes „Wirtschaftssubjekt" autark gelebt hat.[44] Es gab noch keinen Austausch von Gütern oder Diensten, jeder sorgte für sich selbst. Der erste Schritt in die Arbeitsteilung war der dezentralisierte Austausch, d.h. die Menschen erkannten die subjektiven Fähigkeiten jedes einzelnen und somit die Vorteile der Spezialisierung. Um die Produkte untereinander zu tauschen, mußte man jedoch mit seinem Partner Ort und Zeitpunkt verabreden, was umso aufwendiger wird, je mehr verschiedene Produkte getauscht werden. Erst die Einführung eines zentralisierten Marktes, auf dem sich die verschiedenen Anbieter und Nachfrager am selben Ort und zum selben Zeitpunkt trafen, führte zu einer erheblichen Senkung der Transaktionskosten, da die Anzahl der Interaktionen reduziert wurde.[45]

Eine weitere Vereinfachung der Handelsbeziehungen und erneute Senkung der Kosten von Information, Vereinbarung und Abwicklung war die Etablierung von Handelsmittlern, die es ermöglichten, daß die Wirtschaftssubjekte nicht mehr direkt miteinander in Kontakt treten mußten, sondern beispielsweise zeitlich versetzt agieren konnten. Intermediäre sorgen durch Zeit-, Orts-, Mengen- und Eigentumstransformation für eine Kostenreduktion. Sie fungieren als Schaltstation zwischen Anbieter und Nachfrager, was diesen den Vorteil verschafft, nicht mehr direkt miteinander kommunizieren zu müssen.[46] Diese Evolution der Intermediäre auf klassischen Märkten (siehe auch Abb. 2-5) könnte analog auch auf elektronischer Ebene stattfinden. Momentan befindet man sich in einer Situation, in der eine

---

44. Wenn man zu diesem frühen Zeitpunkt überhaupt schon von Wirtschaftssubjekten sprechen kann.
45. Hier kann auch die Einführung von Geld als Zahlungsmittel erwähnt werden. Geld minimiert die Transaktionskosten bei unsicheren intertemporalen Tauschakten einer Volkswirtschaft. Sein Informationswert ist unter den alternativen Tauschmedien einer Währungsgemeinschaft am größten. Vgl. Geigant, F., Volkswirtschaft, 1994, S. 305.
46. Vgl. Alderson, W., Marketing, 1957, S. 21.

große Anzahl Anbieter und Nachfrager von elektronischen Sach- und Dienstleistungen auf virtueller Ebene direkt zusammentreffen. Zentrale Marktplätze, auf denen elektronische Intermediäre Angebote und Nachfragen koordinieren können, sind in der Entwicklungsphase, einige Entwicklungslinien werden in Kapitel 4 dargestellt.

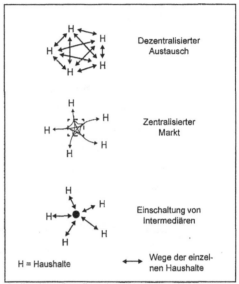

Quelle: eigene Darstellung, in Anlehnung an Alderson, 1957, S. 211-213

Abb. 2-5: Entwicklung der Intermediäre

Die Transaktionskostentheorie dient in der vorliegenden Arbeit zur Betrachtung zweier Sachverhalte. Zum einen bestimmen Transaktionskosten die Wahl zwischen den Koordinationsformen Markt und Hierarchie, andererseits sind Transaktionskosten notwendige Bedingung für die Entstehung von Intermediären. Der zweite Sachverhalt steht im Mittelpunkt der folgenden Ausführungen, wobei die Entscheidung Markt oder Hierarchie indirekt zur Etablierung von Intermediären beiträgt, da Zwischenhändler nur auf Märkten agieren können.[47] Die Hauptaufgabe der Intermediäre, Transaktionskosten auf Märkten zu senken, indem sie Anbietern und Nachfragern Funktionen abnehmen, die sie effizienter erfüllen kön-

---

47. Nach Meinung von Gümbel, R., Handel, 1985, S. 145, bedingen sich Intermediäre und die Marktumwelt gegenseitig. Ähnlich auch Steinfield, C./Kraut, R./Plummer, A., Buyer-Seller, 1996, S. 13, über diese Verhältnis auf elektronischen Märkten.

nen, wird durch den Einsatz von Informations- und Kommunikationstechnologien (IKT) entscheidend beeinflußt. Auch die Wahl zwischen Markt und Hierarchie (analog dazu Eigen- oder Fremdabsatz) erfährt unter den veränderten Voraussetzungen durch IKT einen Wandel.[48]

2.3.1. Ökonomische Legitimation der Intermediäre

Intermediäre erhalten ihre ökonomische Daseinsberechtigung dadurch, daß sie zur Entlastung anderer Wirtschaftssubjekte beitragen. Eine Entlastung bedeutet bspw., Leistungen mittels organisatorischen Innovationen zu geringeren Kosten zu verwirklichen und damit auch preiswerter anbieten zu können. Sie kann aber auch darin bestehen, daß neuartige Leistungen entwickelt und angeboten werden, auf die Nachfrager verstärkt zurückgreifen. Beide Möglichkeiten können bei der Integration von Intermediären in die Wertschöpfungskette zur Anwendung kommen. Durch die Vermittlung zwischen Anbieter und Nachfrager und der Wahrnehmung spezifischer Handelsfunktionen tragen sie im Sinne von Kostensenkungen zur Entlastung anderer Wirtschaftssubjekte bei. Die Generierung neuer Leistungen beschränkt sich dabei auf das Angebot innovativer Dienstleistungen, das auf elektronischer Ebene eine zusätzliche Dynamik erfährt. Da Intermediäre keine sachliche Transformation verrichten, bezieht sich demnach die Reduktion der Kosten ausschließlich auf Transaktionskosten. Produktionskosten können zwar auch gesenkt werden, spielen aber keine Rolle bei der Betrachtung der Zwischenhändlerfunktion.[49]

Die Existenz der Intermediäre muß auch deshalb überzeugende Gründe haben, da es im Prinzip jedem Hersteller selbst überlassen ist, direkt mit dem Endverbraucher zu kommunizieren bzw. zu verhandeln.[50] Die große Zahl an Handelsmittlern auf traditioneller Ebene läßt darauf schließen, daß Anbieter und Nachfrager bestrebt sind, einen Teil der Transaktionsabwicklung in die Verantwortung der Intermediäre zu geben.

Um Transaktionskosten zu senken, stehen drei Möglichkeiten offen. Erstens, es gelingt die Transaktionskosten des Anbieters zu senken, bspw. infolge der Verbes-

---

48. Vgl. Kapitel 3.4., S. 43f.
49. Gemeint sind hier die Produktionskosten der Anbieter, die bspw. durch Automatisierung und Rationalisierung gesenkt werden können.
50. Es sei denn, es existieren externe Beschränkungen bspw. durch den Staat, die einen Direktkontakt zwischen Anbieter und Nachfrager nicht zulassen. Zur sogenannten Gate-Keeper-Theorie siehe Gümbel, R., Handel, 1985, S. 101ff.

serung seiner Verkaufsorganisation. Zweitens, der Nachfrager senkt seine Transaktionskosten etwa durch verbesserte Informationsversorgung.[51] Die dritte und für diese Arbeit relevante Möglichkeit ist, durch den Einsatz von Intermediären die Transaktionskosten von Anbietern und Nachfragern zu senken.

Anhand Abbildung 2-6 wird deutlich, daß sich theoretisch die Zwischenschaltung von Intermediären nur lohnt, wenn die relevanten Kosten (Transaktionskosten von Anbieter, Intermediär und Nachfrager sowie die Produktionskosten des Intermediärs[52]) niedriger sind als die Transaktionskosten von Anbietern und Nachfragern vor Einschaltung der Intermediäre. Anders ausgedrückt müssen die eingesparten Transaktionskosten von Anbietern und Nachfragern höher sein als die Kostenspanne, die ein Intermediär mit in die Beziehung bringt (a+b>c). Dieser stufenspezifische Vergleich könnte auch eine Operationalisierung der Transaktionskosten in einzelnen Beziehungen ermöglichen.[53]

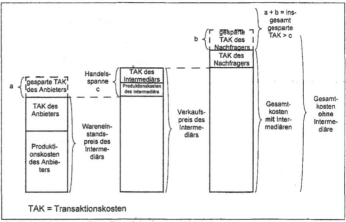

Quelle: in Anlehnung an Picot, Transaktionskosten, 1986, S. 4

Abb. 2-6: Transaktionskostenstruktur in Marktbeziehungen

In diesem Modell sind eventuelle Gewinnbestandteile im Preis mit berücksichtigt. Die Handelsspanne stellt das Entgelt für die erbrachte Leistung des Intermediärs

---

51. Z. B. durch technische Komponenten (Radio, TV).
52. Produktionskosten des Intermediärs im Sinne von Betriebskosten. Aufgrund des Fehlens der sachlichen Transformation hat der Intermediär keine Produktionskosten im engeren Sinne, sondern in Form von Manipulationskosten, die aber periphere Bedeutung haben. Vgl. dazu Gümbel, R., Handel, 1985, S. 168.
53. Vgl. Gümbel, R., Handel, 1985, S. 168; zur Messung von Transaktionskosten vgl. Hammes, M./Poser, G., Messung, 1992, S. 885ff.

dar und setzt sich kalkulatorisch aus den Handelskosten und dem angestrebten Gewinn zusammen. Sobald zuviele Intermediäre ins Spiel kommen - gemeint sind damit mehrere vertikal abgestufte Intermediäre - bzw. zu hohe Gewinnspannen von den Intermediären verlangt werden, kann sich eine Umgehung von Intermediären in einem Preisvorteil für Nachfrager niederschlagen. In Kapitel 4 wird ein Fall geschildert, der Tendenzen zu direkten Austauschbeziehungen aufzeigt.[54] Hier wird auch ersichtlich, wie die vertikale Organisation der Märkte, also die Verbindung von Herstellern mit Nachfragern, von Produktions- und Transaktionskosten entscheidend geprägt ist.[55]

2.3.2. Bedeutung der Einflußgrößen der Transaktionskosten auf die Entstehung von Intermediären

Im folgenden werden einzelne Einflußgrößen auf der Grundlage der TKT diskutiert, die dazu führen, daß direkte Kontakte entstehen oder sich Raum für die Einschaltung von einer oder mehrerer Stufen von Intermediären ergibt. Daraus lassen sich auch Erkenntnisse ziehen, wovon die Höhe der Transaktionskosten im Bereich der Wertschöpfung zwischen Anbieter und Nachfrager abhängt. Die Ausprägungsmöglichkeiten der fünf aufgeführten Einflußgrößen stellen den situativen Rahmen dar, auf dessen Grundlage die unternehmerische Institution des Intermediärs transaktionskostenspezifisch beurteilt werden kann.[56]

2.3.2.1. Grad der Spezifität

Der Grad der oben beschriebenen Faktorspezifität hat erheblichen Einfluß auf die Entstehung von Intermediären.[57] Stark spezifische Leistungen, die auf einzelnen Wünschen von Anwendern basieren, werden vornehmlich über bilaterale Verbindungen abgewickelt. Anbieter und Nachfrager müssen direkt miteinander die spezifischen Leistungen unter hohem Verhandlungsaufwand definieren und bewerten. Da für andere Nachfrager diese Leistung in der Regel uninteressant ist, bedarf es keiner vermittelnden Institution. „Mit steigender Spezifität einer Leistung sinkt deren alternative Verwendungsmöglichkeit."[58] Daraus läßt sich schlußfolgern, daß

54. Vgl. Wigand, R./Benjamin, R., Commerce, 1996; siehe auch Kapitel 4.4.2., S. 67f.
55. Vgl. Richter, R./Furubotn, E., Institutionenökonomik, 1996, S. 345.
56. Vgl. Picot, A., Transaktionenskosten, 1986, S. 4ff.
57. Vgl. Kapitel 2.2.2.1., S. 12f.
58. Picot, A., Transaktionskosten, 1986, S.5.

der Abbau von Leistungsspezifität und die Förderung von Standardisierung wichtige Voraussetzungen für den Einsatz von Zwischenhändlern sind. Standardisierte Eigenschaften senken nicht nur die Transaktionskosten auf allen Seiten, sie erlauben auch den Intermediären die Vermittlung von Leistungen an eine im einzelnen anonyme, aber relativ breite Masse von Konsumenten.

Andererseits bestehen bei spezifischen, d.h. unstandardisierten Leistungen Möglichkeiten für Intermediäre, beratende Dienstleistungen begleitend anzubieten, also die Vermittlung von Informationen. Die eigentliche Leistungsbeziehung bleibt dabei aber direkt.

Analog zur Entscheidung der Durchführung faktorspezifischer Transaktionen über Markt oder Hierarchie wird in diesem Fall zwischen Handelsmittler oder Direktkontakt gewählt. Das Prinzip ist das gleiche, unterschieden wird nur auf vertikaler (direkt oder indirekt) und horizontaler (Markt oder Hierarchie) Ebene.

2.3.2.2. Zahl der Anbieter und Nachfrager

In der Situation eines bilateralen Monopols (es stehen sich jeweils ein Anbieter und ein Nachfrager gegenüber) findet Zwischenhandel ebensowenig statt, wie in einem Szenario der einseitigen Marktveranstaltung (einem Anbieter stehen mehrere Nachfrager gegenüber und umgekehrt). Hier ist es ökonomisch sinnvoller, direkt zu verhandeln, da eine vermittelnde Institution zusätzliche Transaktionskosten erzeugen würde. Der Raum für Intermediäre öffnet sich erst, wenn auf beiden Marktseiten - Angebot und Nachfrage - viele Wirtschaftssubjekte agieren. Durch die Existenz eines Intermediärs in einem zentralisierten Markt verringert sich die Zahl der notwendigen Verbindungen zwischen den Beteiligten.[59] In Abbildung 2-7 kann man deutlich erkennen, daß ohne einen Intermediär m*n Verbindungen aufgebaut werden müssen, wenn jeder der Gruppe m mit jedem der Gruppe n in Kontakt treten will. Die Zahl der Kontakte wird durch Einschaltung des Intermediärs auf m+n verringert und somit werden Transaktionskosten auf beiden Seiten eingespart. Dieser sogenannte Baligh-Richartz-Effekt wird umso größer, je mehr Teilnehmer am Markt partizipieren.[60] Voraussetzung ist allerdings eine relativ hohe Standardisierung der Produkte.

---

59. Daraus resultierende Effizienzvorteile sind nicht nur transaktionsbedingt wie die übrigen Einflußgrößen, sie entstehen grundsätzlich durch die reine Existenz von Intermediären.
60. Vgl. Baligh, H./Richartz, L., Market, 1967, S. 23f.

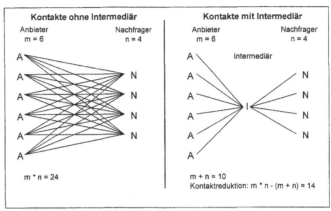

Quelle: in Anlehnung an Picot, Transaktionskosten, 1986, S. 6

Abb. 2-7: Kontaktreduktion durch Intermediäre

2.3.2.3. Koordination zwischen Angebot und Nachfrage

Angebot und Nachfrage stimmen in bezug auf die Bedarfszeitpunkte und die gewünschten Mengen und Qualitäten selten überein. Wenn die Produktion problemlos auf den Rhythmus der Nachfrage abgestimmt werden kann (Just-in-time), treten keine Transaktionskosten im Bereich der Koordination auf. Technische oder ökonomische Gründe sind allerdings oft Auslöser für fehlende Anpassung von Angebot und Nachfrage, was erhebliche Transaktionskosten verursacht bspw. für Lagerhaltung, Erkundung von Nachfragegewohnheiten, Abstimmung mit anderen Produzenten. Die zeitlich-mengenmäßige Abstimmungsproblematik bietet dem Intermediär ein Handlungsfeld, auf dem er durch Zeit- oder Quantentransformation die Transaktionskosten für Anbieter und Nachfrager wesentlich senken kann.[61]

2.3.2.4. Kommunikationsmöglichkeiten zwischen Anbietern und Nachfragern

Eine gut entwickelte Informations- und Kommunikationsstruktur ermöglicht prinzipiell eine mehr auf den direkten Kontakt angelegte Transaktionsabwicklung. Beide Seiten können sich direkt verständigen und so auf einfache Weise individu-

---

61. Vgl. Kirchner, C./Picot, A., Distribution, 1987, S. 67.

elle Besonderheiten absprechen. Allerdings gibt es einige Schwierigkeiten, die einen direkten Kontakt von Produzent und Konsument ökonomisch nicht sinnvoll erscheinen lassen:[62]

- hohe objektive Kosten der Benutzung von Kommunikations- und Informations-strukturen relativ zu den möglichen Umsätzen einer Direktverbindung,
- Verzögerungen und Umständlichkeiten durch räumliche Trennung, die Alltags- und Fachsprachen sind inkompatibel; es entstehen Kommunikationsbarrieren,
- hohe Opportunitätskosten der Informationsverarbeitung für eine einzelne per-sönliche Transaktion,
- der Mangel eines vertrauensbildenden Klimas,
- Fehlen eines unabhängigen und neutralen Dritten, der Vertrauensprobleme beheben kann.

Die genannten Aspekte lassen die Kommunikationskosten zu hoch erscheinen, um Direktverbindungen vorzuziehen. Auf konventioneller Ebene sprechen sie für eine Etablierung von Handelsmittlern, in diesem Fall Kommunikationsspezialisten, denen beide Marktseiten Vertrauen entgegenbringen. Umgekehrt lassen einige Faktoren erkennen, daß der Einsatz hochentwickelter technischer Infrastrukturen, wie sie in den letzten Jahren entstanden sind, die Umgehung von Intermediären fördern kann. Im folgenden wird zu klären sein, ob auf elektronischer Ebene diese Kriterien umgekehrt für eine Eliminierung der Intermediäre sprechen. Prinzipiell kann die Einschaltung eines Zwischenhändlers die Kommunikationskosten, als Teil der Transaktionskosten, von Produzenten und Konsumenten verringern.

2.3.2.5. Verbundnachfrage

Aufgrund vieler individuell unterschiedlicher Wünsche und Präferenzen der Nach-frager entsteht der Bedarf, nicht nur einzelne Produkte isoliert zu erwerben, son-dern eine Kombination von verschiedenen Erzeugnissen entweder parallel, alternativ oder sukzessive zu konsumieren. Neben der bestehenden Spezialnach-frage erzeugt die Tatsache, daß immer mehr Konsumenten heterogene Güterbün-del in ständig wechselnder Zusammensetzung nachfragen, erhöhte Transaktionskosten. Die Möglichkeit, daß ein Produzent verschiedene im Verbund nachgefragte Güter anbietet, ist, aufgrund der großen Unähnlichkeit der Produkte, selten gegeben. Synergievorteile eines Produktionsverbundes treten hier nicht auf.

---

62. Vgl. Picot, A., Transaktionskosten, 1986, S. 7.

Damit ergibt sich die Möglichkeit für den Intermediär, die unterschiedlichen Erzeugnisse der Anbieter in einem breiten Sortiment anzubieten und insofern seinerseits Vorteile durch Größenwachstum und Konzentration zu nutzen. Für die Nachfrager verringern sich Such- und Informationskosten, wenn der Zwischenhändler problemgerechte Güterbündel bereitstellen kann. Aus volkswirtschaftlicher Sicht verringert der Intermediär Transaktionskosten, indem er die Transformation von Basisprodukten in Gütersortimente realisiert.[63]

2.3.2.6. Infrastrukturelle Einflüsse - speziell Informations- und Kommunikationstechnologie (IKT)

Durch den hohen Bedarf an Informationsverarbeitungs- und -übertragungskapazitäten bei Transaktionen spielen IKT eine existentielle Rolle. Bei standardisierten Gütern, deren Eigenschaften informationstechnisch relativ leicht abgebildet werden können, ergibt sich beim Einsatz hochentwickelter technischer Infrastrukturen ein Trend zur Umgehung von Intermediären. Der Direktkontakt wird somit, wie oben schon erwähnt, erleichtert. Die Gründe hierfür liegen in der Verbesserung der Verarbeitung und des Transports von Informationen sowie im Potential von Informationstechnologien, generell Transaktionskosten zu senken. Die Flexibilisierung der informativen und kommunikativen Aktivitäten führt zu einer erhöhten Markttransparenz, zu intensiverem Wettbewerb sowie zu Rationalisierungserfordernissen. Die Folge ist eine Tendenz hin zu weniger aber leistungsfähigeren Intermediären.[64] Andererseits ergeben sich für die Vermittlung spezifischer Güter Möglichkeiten der produktbegleitenden und beratenden Dienstleistung, die auch als periphere Idiosynkratie bezeichnet wird.[65] Gemeint ist damit Wissen und Erfahrung, die eingesetzt werden, um die Vermittlung einer Leistung zu unterstützen. Produkt und wissensbasierte Beratung sind separierbar, was bedeutet, daß spezifische Leistungen, die nicht angemessen durch IKT abgebildet werden können, Chancen für Intermediäre darstellen, durch Erkennen und Betreuen von Nachfragebesonderheiten eine transaktionskostensenkende Funktion auszuüben.

Die angeführten Einflußgrößen können durch die Entwicklung informationstechni-

---

63. Zur Sortimentsfunktion vgl. Kapitel 4.3.1., S. 61; zur Theorie der Warenumgruppierung vgl. Gümbel, R., Handel, 1985, S. 169 und 97f.: Entsprechend der Theorie von E. Schäfer (1950) ist die Warenumgruppierung durch angepaßte Institutionen und deren Sortimentsfunktion zu operationalisieren.
64. Vgl. Picot, A., Transaktionskosten, 1986, S. 9.
65. Vgl. Bonus, H., Economics, 1986, S. 9.

scher Infrastrukturen in unterschiedlichem Ausmaß tangiert werden, was sich auch auf die organisatorische Struktur der Wertschöpfungskette entsprechend auswirkt.

Technischer und institutioneller Wandel weisen gegenseitige Verlaufsabhängigkeit auf und sind entscheidende Faktoren in der Entwicklung von Wirtschaft und Gesellschaft.[66] Demzufolge können Informations- und Kommunikationstechnologien bedeutenden Einfluß auf die Gestaltung von Institutionen und die Wechselwirkung zwischen Institutionen und Organisationen haben.

Zusammenfassend läßt sich konstatieren, daß Intermediäre ihre ökonomische Daseinsberechtigung der Existenz von Transaktionskosten auf Märkten mit einer relativ großen Anzahl von Nachfragern und Anbietern für relativ hoch standardisierte Produkte verdanken. Die Koordinations- und Kommunikationsprobleme zwischen beiden Marktseiten sind verhältnismäßig groß, die Konsumenten fragen in der Regel verschiedene Produkte im Verbund nach.

Es soll im weiteren untersucht werden, wie sich das Verhältnis zwischen Direktkontakt und Einschaltung von Intermediären in der Anbieter-Nachfrager-Beziehung verändert, wenn verstärkt auf den Einsatz von IKT zurückgegriffen wird und daraufhin, welche Rolle Intermediäre auf elektronischer Ebene spielen. Werden, bezogen auf das Markt-Hierarchie-Paradigma, Unternehmen verstärkt traditionell von Intermediären ausgeführte Aktivitäten internalisieren oder fördern IKT die Strategie des „Out-sourcing", die Auslagerung von Funktionsbereichen auf den offenen Markt?[67]

2.4. Kritische Würdigung der Transaktionskostentheorie für die Erklärung von Intermediären

Drei zentrale Kritikpunkte bestimmen die Diskussion um den Transaktionskostenansatz: Zum einen die einseitige Kostenorientierung der alternativen Organisationsformen, ferner die Operationalisierbarkeit und begriffliche Abgrenzungen sowie die ungenügende Berücksichtigung von Machtphänomenen.[68]

---

66. Vgl. North, D., Wandel, 1992, S. 122.
67. Out-sourcing kann unter verschiedenen Gesichtspunkten betrachtet werden. Auf dem Absatzmarkt können Marketingaktivitäten ausgelagert werden, während auf der Beschaffungsseite eine Auslagerung von Produktionsfunktionen die Regel ist. Der Unterschied liegt dabei vor allem in der entsprechenden Koordinationsform. Über die Bedeutung des Out-sourcing als marktliche Koordination vgl. Steinfield, C./Kraut, R./Plummer, A., Buyer-Seller, 1996, S. 3-6.
68. Vgl. Kaas, K./Fischer, M., Transaktionskostenansatz, 1993, S. 693.

Zum ersten Punkt wird allgemein angeführt, daß die Theorie zwar einseitig kosten-
orientiert ist, Transaktionsnutzenaspekte aber problemlos mit Hilfe des Opportuni-
tätskostenprinzips einbezogen werden können. Das Kriterium der
Operationalisierbarkeit verliert an Aussagekraft, wenn man berücksichtigt, daß
zum einen die Transaktionskostentheorie auf der Betrachtung der komparativen
Effizienz alternativer Organisationsstrukturen basiert und darüber hinaus die
Transaktions- und Produktionskosten des Intermediärs als stufenspezifische Operationalisierung betrachtet werden können. Das letzte Argument ist nicht zutref-
fend, da Machtverhältnisse mittels Informationsverteilung und Spezifitätsgrad
einer Austauschbeziehung explizit berücksichtigt werden.

Der Transaktionskostenansatz wird allgemein als ein sehr fundiertes Instrumenta-
rium zur Erklärung von Anbieter-Nachfrager-Beziehungen angesehen, welches
pragmatischen Ansprüchen in besonderer Weise gerecht wird. Die Theorie dient
speziell zur Analyse der vertikalen Organisation des Marktes, die die Industrie mit
ihren Nachfragern verbindet, und der Bestimmung der relativen Höhe der Transaktionskosten, die mit verschiedenen Distributionsalternativen einhergehen. Zudem
kann die Transaktionskostentheorie die Frage klären, ob der Intermediär im Rahmen der Handelsfunktionen Marktspannungen überwinden und somit Transaktionskosten senken kann.[69]

---

69. Zur Leistungsfähigkeit der TKT siehe auch Kiwit, D., Leistungsfähigkeit, 1994, S. 118ff.

3.   Elektronische Märkte

Der Einsatz von Informations- und Kommunikationstechnologien im Rahmen des überbetrieblichen Güter- und Dienstleistungsaustauschs kann zu tiefgreifenden Veränderungen auf den betroffenen Märkten führen. Durch die Abwicklung eines immer größeren Teils der Handelstransaktionen über internationale und offene Kommunikationsnetze entwickeln sich konventionelle Handelsformen, auf denen die Transaktionspartner häufig noch in persönlichem Kontakt stehen, zu elektronischen Märkten und Hierarchien.[1] Das Internet als eine erste Form des „Information Highway"[2] hat das Potential, die Idee der weltweit vernetzten Gesellschaft zu verwirklichen. Die neue Infrastruktur läßt nicht nur einen rasch wachsenden neuen Wertschöpfungsbereich entstehen, sie führt auch zu einer Umgestaltung der organisatorischen Distributionsstruktur. Das Internet mit seinen kommunikativen Möglichkeiten bietet eine ideale Plattform für die Entwicklung elektronischer Märkte, auf denen Anbieter und Nachfrager durch völlig neue Prozesse und Organisationen verbunden werden.[3]

Im folgenden werden die Markttransaktionen in ihren einzelnen Phasen und deren Umsetzung durch IKT auf elektronischer Ebene diskutiert. Anschließend werden einige Beispiele elektronischer Märkte angeführt. Nach einer grundlegenden Charakterisierung von Koordinationsformen auf elektronischer Ebene folgt eine Abgrenzung elektronischer Märkte von elektronischen Hierarchien. Des weiteren werden die Auswirkungen von Informationstechnologien auf die Transaktionskosten erörtert und welche Effekte dies auf die Organisation der Wertschöpfungskette hat.

3.1.   Phasenmodell der Markttransaktionen

Man kann zwei Extremfälle hinsichtlich des Austausches von Gütern unterscheiden. Im einen Fall ist der Transaktionspartner bekannt und der Austausch wird zu möglichst geringen Transaktionskosten und großer Zuverlässigkeit durchgeführt.

---

1. Folgende Interaktionsformen mit Informations- und Kommunikationssystemen unterscheidet Zbornik, S., Märkte, 1995, S. 56: Person-Person, Person-Maschine, Maschine-Maschine, wobei mit „Maschine" bspw. Datenbanksysteme gemeint sind.
2. Auffallend ist, daß in Deutschland im Zusammenhang mit dem Internet häufig der Begriff Information (Super) Highway fällt, während im Sprachgebrauch der USA Ausdrücke wie Datenautobahn und Infobahn geläufig sind.
3. Nach Schmid, B., Internet, 1996, S. 24, entsteht durch die Verbindung der bekannten Kommunikationsmedien mit den technologischen Innovationen (Hyperlinks, WWW, Html, Java) des Internet ein neues Supermedium; vgl. auch o.V., Märkte, 1991, S. 1ff.

Solche Formen, über das Instrument des Plans koordiniert, werden Hierarchien genannt. Sie zeichnen sich dadurch aus, daß der Kreis der Teilnehmer an der Austauschbeziehung relativ klein ist (Small-Numbers-Situation) und die Rahmenbedingungen der Transaktion durch eine übergeordnete Organisationseinheit festgelegt werden.[4] In einer hierarchisch strukturierten Unternehmung findet die Koordination durch Weisung statt, während überbetriebliche Hierarchien in wechselseitigen Abhängigkeitsverhältnissen den Austausch von Gütern steuern. Im Gegensatz dazu koordinieren Märkte Transaktionen über das Instrument des freien Tauschs. Viele anbietende und nachfragende Transaktionspartner stehen sich gegenüber. Der Preismechanismus des Marktes bestimmt die Preise sowie Qualität und Quantität.[5] Ein Markt zeichnet sich dadurch aus, daß er eine wesentlich größere Menge an Alternativen für Anbieter und Nachfrager zur Verfügung stellt, dadurch aber auch höhere Transaktionskosten verursacht als Hierarchien. Zwischen den beiden Endpunkten des Spektrums von Koordinationsformen (Markt und Hierarchie) existiert ein Kontinuum hybrider Formen von Kooperationen bzw. Unternehmensnetzwerken, die in der Relevanz für diese Arbeit eine untergeordnete Rolle spielen. Im Vordergrund steht die Koordinationsform Markt mit den darauf agierenden Intermediären.

Zur Analyse von Austauschbeziehungen über den Markt wird das Phasenmodell der Markttransaktionen herangezogen. Analog zur Aufgliederung der Transaktionskosten im zweiten Kapitel werden auch die Transaktionen in Informationsphase, Vereinbarungsphase und Abwicklungsphase unterteilt:[6]

- Zentraler Aspekt der **Informationsphase** ist der Informationsaustausch unter den Marktteilnehmern. Anbieter und Nachfrager verschaffen sich einen Marktüberblick. Aus transaktionskostentheoretischer Sicht fallen hier vorwiegend Informations- und Anbahnungskosten an.

- In der **Vereinbarungsphase** nehmen Marktteilnehmer zwecks Kontraktbildung Kontakt auf. Die Konditionen der Transaktion werden abgeklärt. Die Vereinbarung zum Austauch bildet den Abschluß der Phase, was Vereinbarungskosten verursacht.

---

4. Vgl. Kapitel 2.2.2.1., S.12f.
5. In der betriebswirtschaftlichen Theorie werden Märkte als „ökonomische Beziehungen zwischen Anbietern und Nachfragern hinsichtlich eines Gutes innerhalb eines bestimmten Gebietes und eines bestimmten Zeitraumes" definiert, vgl. Schneck, O., Betriebswirtschaft, 1994, S. 455, während die Volkswirtschaft Märkte als „ökonomischen Ort des Tauches und der Preisbildung durch Zusammentreffen von Angebot und Nachfrage" betrachtet, vgl. Geigant, F., Volkswirtschaft, 1994, S. 576.
6. Vgl. Langenohl, T., Systemarchitekturen, 1994, S. 18-21.

- Die **Abwicklungsphase** wird als Erfüllung der vertraglich fixierten Vereinbarung angesehen. Neben den Abwicklungskosten können in dieser Phase auch Überwachungs- und Kontrollkosten anfallen. Außer den Primärtransaktionen, die sich auf den Leistungsübergang beziehen, löst diese Phase auch unterstützende Sekundärtransaktionen (Transportleistungen, Versicherungen etc.) aus.[7]

Anhand des Phasenmodells lassen sich relativ klar Gestaltungsprinzipien für elektronische Marktprozesse ableiten. Der Sprung von der konventionellen auf die elektronische Ebene erfordert den Einsatz moderner Informationstechnologien. Die elektronische Leistungskoordination soll als informationsverarbeitende Einrichtung verstanden werden, die einen informationellen Mehrwert schafft, der über die einfache Kommunikationsunterstützung hinausgeht.[8]

3.2. Informationstechnik und Leistungskoordination

Neue Technologien zur Unterstützung von Koordinationsprozessen haben meisten zu einem Produktivitätssprung geführt. Beispielhaft anzuführen sind die Erfindung der Schrift, die Einführung der Zeitmessung oder der Bau moderner Verkehrssysteme. Zwei wesentliche Elemente der Informationstechnologie eröffnen völlig neue Perspektiven für die Koordination wirtschaftlicher Prozesse. Durch die Synthese von Computertechnik und Telekommunikation zur Telematik und auch deren Weiterentwicklung mittels digitalisierter Video- und Audiodarstellung zur multimedialen Telematik ist es möglich, traditionelle Marktmechanismen elektronisch zu realisieren. Charakteristisch für multimediale Telematiksysteme sind:[9]

- die Benutzung des Computers als interaktiven, universellen Informationsträger, der Befehlen folgt, die Menschen ihm erteilen,

- die Ortslosigkeit bzw. Ubiquität der Informationsobjekte, die Daten überall und zu jeder Zeit erreichbar macht, wo der Zugriff auf Telekommunikationsnetze bereitgestellt wird (wie z.B. eine Mailbox),

7. Vgl. dazu auch Picot, A./Reichwald, R./Wigand, R., Unternehmung, 1996, S. 316, die nur zwei Phasen der Markttransaktion abgrenzen. Abwicklungs- und Vereinbarungsphase werden zusammengefaßt, da die Kosten der Abwicklung teilweise den Produktpreisen zugeschlagen werden und somit nicht voll zu den Transaktionskosten gezählt werden. Zbornik, S., Märkte, 1995, S. 138, oder Krähenmann, N., Gestaltungsanforderungen, 1994, S. 219, unterteilen dagegen noch feiner.
8. Zu ausführlichen Darstellungen über informationellen Mehrwert vgl. Zbornik, S., Märkte, 1995, S. 56; vgl. ebenso Picot, A./Reichwald, R./Wigand, R., Unternehmung, 1996, S. 340f.
9. Vgl. Schmid, B., Märkte, 1993, S. 468.

• die Effizienz der Informationstechnik, die Informationsverarbeitung- und -beschaffungsmöglichkeiten des Menschen erweitert und auch seine Inputmedien wie Augen und Ohren besser nutzt.

Die Gestaltung der Schnittstelle zwischen Mensch und Maschine, mit ihren sozialen, institutionellen und technischen Anforderungen, zählt zu den wichtigsten Aufgabe, die bei der Etablierung der neuen Technologien anzugehen sind.[10]

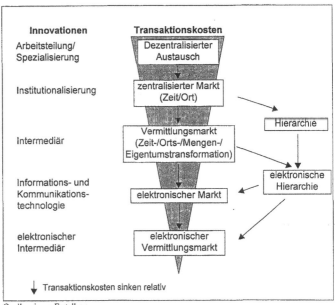

Quelle: eigene Erstellung

Abb. 3-1: Entwicklung elektronischer Märkte

Die historische Entwicklung zeigt, daß neue Technologien zur Koordination von Prozessen immer wieder zu Produktivitätssprüngen geführt haben. Innovationen führen zu einer Reduktion der Transaktionskosten ebenso wie zu einem Wachstum

---

10. Von entscheidender Bedeutung ist auch der direkte Zugriff der Endkunden auf elektronische Märkte über eine Market-Choice-Box bzw. Set-Top-Box mit GUI (Graphical User Interface) wie es bspw. General Magic, Internet, 1996, S. 1f., entwickelt hat; vgl. dazu auch Benjamin, R./Wigand, R., Markets, 1995, S.71. Die Gestaltung der Schnittstelle richtet sich nach der Zielgruppe SOHO (Small Office, Home Office) mit den Schlüsselanforderungen „ease of use" und „joy of use". Gemäß Klein, S., Entwicklungstendenzen, 1994, S. 4f., müssen diese Anforderungen den hohen Erwartungen der sog. high-end-Anwender an Gestaltungs- und Konfigurationsspielräume von Multimedia gerecht werden. Vgl. auch [Magic].

von Märkten sowie der verfügbaren Ressourcen und Transaktionspartner. Die daraus entstehenden Abstimmungsprobleme auf Märkten können auf zwei Arten
gelöst werden: Entweder durch hierarchische Koordination, um Unsicherheit und
Veränderungen der Umwelt kontrollieren zu können, oder durch Einschaltung von
Intermediären, die als zentrale Vermittlungsstelle auf Märkten agieren. Basierend
auf der in Kapitel zwei beschriebenen Entwicklung von Intermediären wird in
Abbildung 3-1 versucht, diese Linie auf elektronischer Ebene fortzuführen.[11] Die
Parallelen bei der Entwicklung von elektronischen Märkten zum Ablauf auf konventioneller Ebene deuten darauf hin, daß Intermediäre auch hier eine Existenzgrundlage vorfinden.

Die Entstehung elektronischer Märkte kann aus zwei Perspektiven betrachtet werden. Entweder werden sie direkt von einem der möglichen Teilnehmer eines elektronischen Marktes neu konzipiert und initiiert oder sie entwickeln sich aus
bestehenden Informationssystemen unterschiedlicher Prägung. Im zweiten Fall
lassen sich aus ökonomischer Sicht vier Entstehungsmuster charakterisieren:[12]

- Die Öffnung elektronischer Hierarchien durch die Aufnahme von Konkurrenten.
- Die Schaffung gemeinsamer elektronischer Absatzkanäle, um Finanzen und
  Know-How zusammenzuführen.
- Die Erstellung abgeschlossener Handelssysteme zur Schaffung effizienter Handelsbeziehungen zwischen den Marktpartnern.
- Die Erweiterung bestehender Mehrwertdienste über die bloße Informationsvermittlung hinaus.

3.2.1. Branchenbeispiele für elektronische Märkte

In diesem Kapitel wird ein kurzer Überblick über die Branchen gegeben, in denen
sich relativ frühzeitig elektronische Märkte entwickelt haben. Ebenso wird die
Rolle der Intermediäre in diesen Branchen beleuchtet. Weitere Beispiele sind im
Bereich von Logistiksystemen zu finden und in letzter Zeit auch im Bildungssektor.[13]

---

11. Vgl. Kapitel 2.3., S. 19f.
12. Vgl. Schmid, B. et al., Revolution, 1991, S. 97; für eine andere Einteilung siehe Benjamin, R./Wigand, R., Markets, 1995, S. 65; Steinfield, C./Kraut, R./Plummer, A., Buyer-
    Seller, 1996, S. 3, 12-14, sind der Meinung, daß die Entstehung elektronischer Märkte
    davon abhängt, ob Intermediäre Vermittlungsdienste wie Suchmaschinen, Produktvergleiche etc. zur Verfügung stellen.

3.2.1.1. Reisebranche

Eines der bekanntesten Beispiele für elektronische Märkte sind die Reservierungs-systeme in der Tourismusbranche.[14] Im Tourismusbereich werden nicht lagerbare Güter gehandelt (bspw. Hotelzimmer). Zudem stellt sich diese Branche als sehr informationsintensiv dar, in der einfach strukturierte Massentransaktionen vorherr-schen (etwa Flugbuchungen) sowie ein starker Wettbewerb und Margendruck. Schließlich kann die Zeit als ein kritischer Faktor angesehen werden. Ursprung waren hier elektronische Hierarchien in Form elektronischer Reservierungssy-steme, die von den Leistungsanbietern betrieben wurden. Sie verschafften Wettbe-werbsvorteile, da konkurrierende Anbieter keinen Zugang hatten. Die Entwicklung dieser Systeme zu elektronischen Märkten wurde juristisch erzwungen, woraus sich ein Datenraum für die Etablierung elektronischer Intermediäre eröffnete. Die Reisebüros, in diesem Fall die Intermediäre, übernehmen die Vermittlung und Paketbildung von Basisprodukten. Der Kunde kann somit über das Reisebüro auf die Produkte von Anbietern aus verschiedenen Bereichen zurückgreifen. Hinzu kommt die Möglichkeit der integrierten, automatischen Abwicklung von Zah-lungsleistungen.[15] Andererseits wird aber auch der direkte Zugriff des Endkunden auf die Systeme der Leistungsträger (Flug-, Schiffsgesellschaften) geplant, was eine Umgehung der Intermediäre bedeutet.

3.2.1.2. Elektronische Börsen

Elektronische Börsen lassen sich unterscheiden in elektronische Märkte des Finanzsektors und in elektronische Waren- und Warenterminbörsen.[16] Die Ent-wicklung von elektronischen Finanzmärkten hat schon vor einigen Jahren begon-nen und ist bereits bis zur globalen Vernetzung von Börsen fortgeschritten. Ziel war die Reduktion von Transaktionskosten und die Automatisierung von Routine-tätigkeiten wie Clearing und Abrechnungsoperationen. Der Aufgabenbereich der

---

13. Zu Beispielen im Logistikbereich vgl. Schmid, B., Märkte, 1993, S. 473 f.; ebenso Voß, P., Marktplatz, 1996, S. 30 f.; Langenohl, T., Systemarchitekturen, 1994, S. 43-45. Im Bildungssektor entstehen globale Multimediabibliotheken; vgl. aber auch Hämäläinen, M./Whinston, A./Vishik, S., Learning, 1996, S. 53.
14. Siehe Malone, T./Yates, J./Benjamin, R., Markets, 1987, S. 490; ebenso Schmid, B., Märkte, 1995, S. 231 f.; vgl. auch Picot, A./Reichwald, R./Wigand, R., Unternehmung, 1996, S. 321 ff.
15. Vgl. Archdale, G., Tourism, 1995, S. 14.
16. Vgl. Hess, C./Kemerer, C., Loan, 1994, S. 251 ff., die automatisierte Anleihesysteme im Eigenheimhypothekenmarkt untersucht haben, unter dem Aspekt der Koordination durch elektronische Märkte.

elektronischen Börsensysteme ist nach und nach erweitert worden, bis hin zur Einführung von vollautomatischen Börsen wie zum Beispiel die 1995 in Betrieb
genommene EBS (Elektronische Börse Schweiz), ein Börsensystem, welches auto-
matisches und anonymes Matching durchführt, d.h. der Abschluß zum bestmögli-
chen Preis ist garantiert. Technologisch gesehen sind diese Märkte offene, globale
Systeme, die 7 mal 24 Stunden betrieben werden können, allerdings wird bis heute
versucht, traditionelle Organisationsformen beizubehalten wie bspw. der geschlossene Kreis der Handlungsbevollmächtigten. Die Koordination von Angebot und
Nachfrage wird entweder von elektronischen Handelssystemen oder einem sogenannten Market Maker übernommen. Wie auf traditionellen Finanzmärkten steht
der elektronische Market Maker grundsätzlich als Handelspartner zur Verfügung.[17]

3.2.1.3. Elektronische Einzelhandelsmärkte (Teleshopping)

Im Unterschied zu den oben beschriebenen Systemen sind elektronische Einzel-
handelsmärkte für eine direkte Teilnahme der Endnutzer konzipiert.[18] Das sogenannte Teleshopping tritt in zwei Varianten auf. Teleshopping über Fernsehen ist
eine elektronische Unterstützung der Informations- und Entscheidungsphase. Die
Lieferung erfolgt auf konventionellem Weg. Die andere Variante ist das Teleshopping über Computernetze wie Internet oder Online-Dienste. Der Kunde hat die
Möglichkeit, interaktiv Informationen zu beschaffen und Bestellungen aufzuge-
ben. Sobald die Produkte digital dargestellt werden können, ist der gesamte
Absatzweg elektronisch durchführbar.

3.2.1.4. Retailmärkte im Bankensektor

Als ein weiteres Beispiel kann die Bankenbranche dienen. Von den Leistungsträ-
gern werden Basisprodukte der Bankwirtschaft zur Verfügung gestellt bspw. Zahlungsverkehr, Kontoverwaltung, die Erzeugung von Finanzinformationen. Auf der
anderen Seite stehen die Kunden, denen über globale elektronische Märkte hochin-
tegrierte und auf die spezifischen Kundenbedürfnisse zugeschnittene Produkte
angeboten werden. Diese Kunden können sowohl Privathaushalte sein (die Präfe-

---

17. Zu Market Maker vgl. Kapitel 4.5.2.2., S. 80; zu Börsen im Internet siehe [Börsen]. An
    der University of Iowa wird seit 1988 eine elektronische Wahlbörse betrieben [Iowa].
18. Vgl. Schmid, B., Markets, 1995, S. 3f.

renzen sind hier Zahlungsverkehr, Konto- und Depotverwaltung) als auch Geschäftskunden (elektronische Abwicklung von Cash-Management). Im Zwischenbereich findet die Vermittlung des Online-Zahlungsverkehrs statt, den Intermediäre übernehmen können.[19]

3.3. Koordinationsformen auf elektronischer Ebene

Die drei Koordinationsformen Markt, Hierarchie und Kooperationen auf konventioneller Ebene werden analog auf elektronischer Ebene betrachtet. Dabei ist festzuhalten, daß der Grad der potentiellen Wertschöpfung durch elektronische Medien zunimmt, je mehr sich die Art der Koordination in Richtung marktlicher Austauschbeziehungen bewegt.

Der Einsatz der Informations- und Kommunikationstechnologien hat nach Ansicht von Malone drei Effekte auf zukünftige Koordinationsprozesse: den „Electronic communication effect", den „Electronic brokerage effect" und den „Electronic integration effect".[20]

Der „Electronic communication effect" (Kommunikationseffekt) soll ausdrücken, daß durch die modernen Informationsinfrastrukturen zum einen mehr Informationen in der gleichen Zeit übermittelt werden können bzw. die gleiche Menge an Informationen in kürzerer Zeit und zweitens die Kosten der Kommunikation erheblich gesenkt werden. Dieser Effekt läßt sich sowohl auf elektronischen Märkten als auch in elektronischen Hierarchien beobachten.

Vom „Electronic brokerage effect" (Broker- oder Maklereffekt) profitieren nur elektronische Märkte, da ausschließlich in dieser Koordinationsform ein Bedarf für elektronische Vermittlungsaktivitäten existiert. Ein Intermediär (hier Broker) steht mit Anbietern und Nachfragern in Verbindung und koordiniert die verschiedenen Bedürfnisse. Die Marktteilnehmer können über zentrale Datenbanken mit einheitlichen Standards und Protokollen elektronisch miteinander kommunizieren. Der Endnutzer hat somit die Möglichkeit, verschiedene Angebote zu vergleichen und daraus letztendlich das subjektiv beste auszuwählen, weitaus schneller, bequemer und günstiger als auf konventioneller Ebene. Dieser Effekt erhöht somit die Anzahl der Alternativen, die Qualität der potentiellen Alternativen und verringert

---

19. Vgl. Bloch, M./Pigneur, Y./Segev, A., Commerce, 1996, S. 12f.; vgl. aber auch Mahler, A./Göbel, G., Banken, 1996, S. 30f.
20. Vgl. Malone, T./Yates, J./Benjamin, R., Market, 1987, S. 488.

die Kosten der Information und Anbahnung.

Der „Electronic integration effect" wird bei den Ausführungen über elektronische Hierarchien näher behandelt.[21]

3.3.1. Elektronischer Markt[22]

Es gibt unterschiedliche Auffassungen, was unter dem Begriff des elektronischen Marktes zu verstehen ist. Allen Definition ist jedoch gemeinsam, daß sie elektronische Märkte als interorganisatorische Informationssysteme (IOS) sehen, die in vertikalen Märkten existieren. Die Akteure sind auf eine bestimmte Teilnehmerart (Anbieter, Nachfrager, Intermediär) festgelegt und tauschen unabhängig voneinander über einen elektronischen Preisbildungsmechanismus Güter aus. Die Preisbildung gilt als zentraler Punkt für die Entwicklung elektronischer Märkte. Die Geschlossenheit eines elektronischen Marktes läßt sich daran erkennen, ob die Preisbildung nur unterstützt wird oder gar vollständig automatisiert ist.[23]

Für die Ausgestaltung elektronischer Märkte ist das o.a. Phasenmodell von entscheidender Bedeutung. Eine Möglichkeit ist, einzelne oder alle Phasen der Markttransaktion informationstechnisch zu unterstützen, wobei der eigentliche Ablauf einer Marktbeziehung im wesentlichen nicht beeinflußt wird. Der Einsatz von Informationssystemen ist zwar eine notwendige Voraussetzung, aber keine hinreichende für die Entwicklung vollständiger elektronischer Märkte. Der Unterschied zu einem konventionellen Markt liegt nur in der Ablaufgeschwindigkeit und evtl. in den Kosten der Transaktionen. Die Marktbeziehungen werden sozusagen elektronisch unterstützt.[24]

„Um einen Markt zu einem eigentlichen elektronischen Markt zu machen ist der Einsatz der oben skizzierten Telematik nötig, d.h. die Schaffung eines ubiquitären Marktplatzes, bzw. Datenraumes, in dem Angebote und Nachfragen als ortslose

---

21. Vgl. Kapitel 3.3.2., S. 40.
22. Unter elektronischer Märkten im hier verwendeten Sinn wird speziell die Koordination über die Preisbildung verstanden, während der Titel des 3. Kapitels generell die Übertragung von Wirtschaftsprozessen auf die elektronische Ebene andeuten soll (i. S. v. Electronic Commerce). Siehe dazu auch Typologisierung des elektronischen Handels von Wigand, vgl. Picot, A./Reichwald, R./Wigand, R., Unternehmung, 1996, S. 336.
23. Zbornik, S., Märkte, 1995, S. 63, unterscheidet direkte Preisbildung durch technische Mechanismen und indirekte Preisbildung durch individuelle Kommunikationsaktivitäten der Teilnehmer auf elektronischen Märkten. Weitere Ausführungen zu Preisbildungsmechanismen siehe Krelle, W., Preistheorie, 1961, S. 16-22.
24. Schmid, B., Märkte, 1993, S. 468, spricht von elektronischen Märkten im weiteren Sinne.

interaktive Informationsobjekte global verfügbar sind."[25] Schmid definiert hier einen elektronischen Markt im engeren Sinne, auf dem alle Phasen der Markttransaktionen in einem durchgehenden, integrierten elektronischen System abgewickelt werden.[26] Dieser Idealfall nähert sich dem vollkommenen Markt ohne Transaktionskosten und mit vollkommener Information aller Marktteilnehmer an. Der vollständig elektronisch realisierte Markt ist allerdings ein theoretisches Modell, dem praktisch die Entwicklung einer elektronischen Börse am nächsten kommt.[27] Die bestehenden Systeme unterstützen jedoch meist nur einzelne Phasen der marktlichen Koordination. Um dieser Situation gerecht zu werden und überhaupt von elektronischen Märkten reden zu können, wird folgende Definition als Grundlage der weiteren Ausführungen benutzt:

„Elektronische Märkte sind Informations- und Kommunikationssysteme zur Unterstützung aller oder einzelner Phasen und Funktionen der marktmäßig organisierten Leistungskoordination. "[28]

Das heißt, die Möglichkeiten elektronischer Transaktionsabwicklung reichen von der elektrifizierten Koordination der Informationsbeschaffung bis hin zur vollständigen elektronischen Koordination der Marktprozesse bspw. der Preisbildung.[29] Es ändern sich folglich nicht nur die Transaktionskostenstrukturen, auch die Abwicklung der Marktprozesse erfährt eine Neuorientierung einschließlich die Generierung von Mehrwertdiensten. Elektronische Märkte vereinfachen die Informationsbeschaffung- und -auswertung für die Marktteilnehmer und können damit zu einer erhöhten Markttransparenz ebenso wie zu einer Verringerung asymmetrischer Informationsverteilung führen. Dadurch reduzieren sich die Transaktionskosten der Nachfrager sowie die Produktionskosten allgemein durch verstärkten Wettbewerb. Für die Anbieter ergeben sich zudem Möglichkeiten zur Kostenreduktion bei der Abwicklung von Geschäftstransaktionen und infolge der schnelleren und exakteren Information über Marktbedürfnisse und - entwicklungen.

---

25. Schmid, B., Märkte, 1995, S. 224.
26. Vgl. Schmid, B., Märkte, 1993, S. 468.
27. Vgl. dazu auch Picot, A./Bortenlänger, C./Röhrl, H., Capital, 1996, S. 1ff.
28. Picot, A./Reichwald, R./Wigand, R., Unternehmung, 1996, S. 318; für eine weitere Definition vgl. auch Schmid, B. et al., Revolution, 1991, S. 97.
29. In letztgenannter Form werden alle handelsrelevanten Informationen (Preis, Menge etc.) durch ein zentrales System allen Marktteilnehmern gleichermaßen zur Verfügung gestellt.

3.3.2. Elektronische Hierarchie

Man kann betriebliche und zwischenbetriebliche elektronischen Hierarchien unterscheiden. Betriebliche elektronische Hierarchien sind vollständig vertikal integrierte Firmennetzwerke, während zwischenbetriebliche elektronische Hierarchien eine längerfristig geschlossene, elektronische Verbindung zwischen rechtlich selbständigen Unternehmen darstellen, an der andere Unternehmungen nicht unmittelbar partizipieren können.[30] Hier liegt der Schluß nahe, daß elektronische Hierarchien im Endeffekt den gleichen Ablauf von Leistungsbeziehungen aufweisen wie konventionelle Hierarchien, mit dem Vorteil der Transaktionskostenreduktion durch informationstechnische Unterstützung.

Malone beschreibt den Einfluß von IKT auf die Herausbildung von elektronischen Hierarchien mit dem „Electronic integration effect" (Integrationseffekt). Dieser Effekt tritt hauptsächlich in vertikalen Integrationen auf, wenn ursprünglich getrennt ablaufenden Teilprozesse der vertikalen Wertschöpfung in integrierten, elektronisch unterstützten Abläufen zusammengefaßt werden wie z. B. in branchenübergreifenden Logistiksystemen, die Spedition, Zoll und Transportversicherung integriert abwickeln.[31]

Firmennetzwerke werden zum einen für den firmeninternen Datenverkehr aufgebaut und darüber hinaus, um Kunden und Lieferanten anzubinden. Die wichtigsten Kriterien sind zentrale Planung, Sicherheit und Zuverlässigkeit sowie der beschränkte, klar definierte Kundenkreis. Aus Firmennetzwerken sind hierarchisch geplante und verwaltete Infrastrukturen entstanden, die mehrere Unternehmen miteinander verbinden. Elektronische Hierarchien (im Englischen auch „single-source sales channel" genannt) zeichnen sich durch in einem Abhängigkeitsverhältnis stehende Transaktionspartner aus, wobei ein Anbieter einem oder mehreren Nachfragern gegenübersteht und umgekehrt. Beispiele für solche Strukturen sind im Bereich von Lieferabrufsystemen zu finden, ebenso gehören die ursprünglichen globalen Reservationssysteme im Tourismussektor dazu. Die Weiterentwicklung der elektronischen Hierarchien zu Branchennetzen führt schon in die Richtung der informationstechnischen Unterstützung von Interorganisationssystemen. Zwischen den Polen elektronischer Markt und elektronische Hierarchie befindet sich ein breites Spektrum an Kooperationen auf informationstechnischer Basis.[32]

30. Vgl. Picot, A./Reichwald, R./Wigand, R., Unternehmung, 1996, S. 319.
31. Vgl. Malone, T./Yates, J./Benjamin, R., Markets, 1987, S. 488; vgl. auch Benjamin, R./ Morton, M., Information, 1988, S. 86ff.

3.3.3. Interorganisatorische Kooperationen

Die dritte institutionelle Gestaltungsform, die Kooperationen, läßt sich nicht eindeutig als marktlich oder hierarchisch klassifizieren.[33] Sie stellt eine hybride Form
der Koordination dar, deren Beziehungen zwischen den Transaktionspartnern auf
neoklassischen Vertragsverhältnissen beruhen.[34] Die Abgrenzung zwischen der
Ebene der Koordinationsformen auf der einen Seite und der der Organisationsformen andererseits ist hier nicht klar durchführbar. Im Prinzip stellt die Kooperation
keine eigenständige Koordinationsform dar, sondern nimmt eine intermediäre
Position zwischen den Organisationsformen Markt und Hierarchie ein. Entsprechend wird sie auch als interorganisationales Netzwerk oder Unternehmensnetzwerk bezeichnet. Mit der Organisationsform der Hierarchie teilt ein solches
Unternehmensnetzwerk die strukturelle und kulturelle Organisiertheit der Beziehungen; mit dem Markt die prinzipiell vorhandene, letztendlich über Preise gesteu-
erte Möglichkeit zum Austritt aus der bzw. zum Eintritt in die Netzwerk-
Beziehung.[35]

Die hybriden Formen decken einen weiten Bereich teilweise sehr unterschiedlicher
Koordinationsformen ab, von Franchising-Systemen über Joint Ventures bis zu
langfristigen Lieferverträgen. Die Übergänge zwischen den einzelnen Kooperati-
onsformen sind fließend, eine genaue Zuordnung ist in manchen Fällen nicht möglich. Der Einsatz von IKT in hybriden Koordinationsformen soll dazu beitragen,
Unsicherheit und Opportunismus zu verringern, da Kooperationen in der Regel auf
Vertrauensverhältnissen zwischen Wettbewerbern basieren.[36] Entwickeln sich
strategische Allianzen zwischen Unternehmungen auf unterschiedlichen Stufen

---

32. Der Begriff der Hierarchie wird häufig auch außerhalb seiner ursprünglichen Verwen-
    dung benutzt. Per definitionem basieren Hierarchien auf einer Über-/Unterordnung und
    der daraus folgenden Weisungsbefugnis. Allerdings wird insbesondere auf elektroni-
    scher Ebene ein breites Spektrum von Koordinationsbeziehungen als elektronische Hier-
    archie bezeichnet, das in manchen Fällen bis in den Bereich der marktlichen Transaktion
    reicht. Vgl. dazu Steinfield, C./Kraut, R./Plummer, A., Buyer-Seller, 1996, S. 5; aber
    auch Gurbaxani, V./Whang, S., Information, 1991, S. 63ff. sowie Malone, T./Yates, J./
    Benjamin, R., Markets, 1987, S. 493ff.
33. Vgl. Williamson, O., Organization, 1991, S. 280ff.; Herget, J/Kuhlen, R., Märkte, 1995,
    S. 334 sehen in ihren Ausführungen die Organisationsform der Kooperation als geeigne-
    ten Koordinationsmechanismus für elektronische Märkte an. Sie begründen dies mit der
    Koordination durch Vereinbarung zwischen gleichberechtigten und rechtlich selbständi-
    gen Geschäftspartnern.
34. Die Unterscheidung von Markt und Hierarchie als Koordinationsmechanismus soll nicht
    gegenüberstellend, sondern als kontinuierlich ineinander übergehend betrachtet werden,
    mit der hybriden Form der Kooperation als Zwischenglied.
35. Vgl. Sydow, J., Unternehmensnetzwerke, 1991, S. 14f, mit einer sehr übersichtlichen
    Darstellung der verschiedenen Koordinationsformen (S. 15); vgl. auch Langenohl, T.,
    Systemarchitekturen, 1994, S. 11f.
36. Vgl. Ebers, M., Informationssysteme, 1994, S. 26ff.; aber auch Krebs, M./Rock, R.,
    Unternehmensnetzwerke, 1994, S. 322ff.

einer Wertschöpfungskette wird auch von Value-Added-Partnerships (VAP) gesprochen.[37] Allgemein läßt sich festhalten, daß Informationstechnologien die Koordinationskosten in kooperativen Beziehungen verringern und operative Skaleneffekte erzeugen.

3.4.   Diskussion elektronischer Märkte und elektronischer Hierarchien

Im zweiten Kapitel wurden die komparativen Vorteile von Hierarchien gegenüber Märkten erörtert. Unter dem Einfluß von Informations- und Kommunikationstechnologien gilt es die relativen Vorteile dieser beiden Koordinationsformen erneut zu eruieren. Dazu wird die häufig zu beobachtende Entwicklung elektronischer Hierarchien zu elektronischen Märkten als eines der o.a. Entstehungsmuster herangezogen.[38]

Dieses Entstehungsmuster wird in drei Entwicklungsstufen differenziert.[39] Ausgehend von traditionellen Märkten können dominierte elektronische Märkte resp. elektronische Hierarchien (biased markets) entstehen. Die Anbieter und zugleich auch Betreiber versuchen aufgrund des Kommunikationseffekts Wettbewerbsvorteile zu erreichen. Indem sie Mitkonkurrenten den Zutritt zu den Märkten versperren und die Nachfrager mittels asymmetrischen Informationen und Marktintransparenzen beeinflussen, erfolgt eine Monopolisierung der Absatzkanäle. Dies führt zu einer Abhängigkeit der eingebundenen Nachfrager vom Betreiber des Systems, auch als „lock-in"-Effekt bezeichnet.[40]

Erst durch das Eintreten des Brokereffekts wird die Entwicklung hin zu offenen elektronischen Märkten (unbiased markets) forciert. Die Betreiber werden gezwungen, konkurrierende Anbieter in die Informationssysteme aufzunehmen. Die Gründe dafür können sowohl technologischer Natur wie die Auswirkungen von IKT auf die Koordinationskosten und die Darstellungsmöglichkeiten von Leistungen und Produkten als auch wettbewerbsrechtlicher Natur sein. Einschlägige Beispiele sind das Flugreservationssystem SABRE der Gesellschaft American Air-

---

37. Zu VAP vgl.Gurbaxani, V./Whang, S., Information, 1991, S. 67; zur Weiterentwicklung der Thesen von Gurbaxani/Whang siehe Clemens, E./Row, M., Cooperation, 1992, S. 9ff.
38. Vgl. Kapitel 3.2., S. 34; Rosenthal, D./Shah, S./Xiao, B., Policy, 1993, S. 106ff., kommen zu einem anderen Ergebnis; vgl. ebenso die empirischen Studien von Steinfield, C./ Kraut, R./Plummer, A., Buyer-Seller, 1996, S. 9ff.
39. Vgl. Malone, T./Yates, J./Benjamin, R., Markets, 1987, S. 492.
40. Vgl. Kapitel 2.2.2.1., S. 12f.

lines sowie ASAP, das Bestellsystem für Medizinalgüter von American Hospital Supply.[41]

Als weitere Stufe kann die Entwicklung von offenen Märkten zu personalisierten Märkten (personalized markets) gesehen werden.[42] Durch qualitatives Filtern von Informationen könnten Märkte entstehen, auf denen dem Endnutzer individuell zugeschnittene Informationen angeboten werden.[43] Diese Filterfunktion kann von Intermediären oder „Intelligent Agents" ausgeübt werden und dem Endnutzer erheblichen Aufwand abnehmen.[44] Voraussetzung für diese Art der Informationsvermittlung sind unspezifische und einfach zu beschreibende Güter. Diese vorerst letzte Stufe schließt den Kreis einer gesellschaftlichen Entwicklung. War der Horizont der einzelnen Individuen zu Beginn auf den eigenen Grund und Boden beschränkt, erschöpft sich der physische Aktionsradius in Zukunft möglicherweise auf eine persönliche Schnittstelle zur Datenautobahn, an der die Wirtschaftssubjekte die Notwendigkeiten des alltäglichen Lebens abwickeln können.[45]

Relative Kosten für Märkte und Hierarchien		
Koordinations-form	Produktions-kosten	Transaktions-kosten
Märkte	gering	gering
Hierarchien	hoch	gering

Quelle: in Anlehnung an Malone, Yates, Benjamin, Electronic
Markets, 1987, S. 480

Abb. 3-2: Relative Kosten der Koordinationsformen auf elektronischer Ebene

Die beschriebenen Auswirkungen moderner Informationstechnologien bezeichnen Malone et al. als einen „Move-to-the-market".[46] Sie erklären diese Verschiebung damit, daß die Leistungssteigerung der IKT zur Senkung der Transaktionskosten in

---

41. Vgl. Hopper, M., SABRE, 1990, S. 118ff.; siehe auch [Sabre]; vgl. Applegate, L./Gogan,
    J., Commerce, 1995, S. 159ff. über ASAP.
42. Vgl. Negroponte, N.,Digital, 1995, S. 202ff.
43. Zu Trends im Marketing (micro-marketing, one-to-one-marketing) siehe Bloch, M./
    Pigneur, Y./Segev, A., Commerce, 1996, S. 5.
44. Vgl. Kapitel 4.5.3.3., S. 84f.
45. Zu Beginn war Autarkie der Grund für Isolation, in Zukunft kann es die Leistungsfähig-
    keit der informationstechnischen Infrastruktur sein.

allen Koordinationsformen führt. Dadurch sind die Gesamtkosten auf Märkten relativ niedriger als in Hierarchien, da auf ihnen grundsätzlich geringere Produktionskosten zu erreichen sind (vgl. Abb. 3-2). Die Folge sind komparative Vorteile von Märkten, was zu einer Verlagerung von hierarchischen Strukturen hin zu offenen elektronischen Märkten führen kann.[47]

Diese Entwicklung bezieht sich ausschließlich auf die horizontale Betrachtung Markt oder Hierarchie. Welchen Effekt der Einsatz von IKT auf die Ausgestaltung der vertikalen Wertschöpfungskette hat, die den Anbieter mit dem Nachfrager verbindet, läßt sich indes nur beurteilen, wenn die Kriterien herangezogen werden, die auf konventioneller Ebene Einfluß auf die Entstehung und Entwicklung von Intermediären haben.[48]

3.5.   Intermediäre und Marktveranstaltungen

Intermediäre treten nur auf Marktveranstaltungen in Erscheinung. Beide sind Institutionen, die den Austausch von Leistungen zwischen den Marktteilnehmern vermitteln. Eine zentrale elektronische Vermittlungsstelle dient der effizienteren Koordination der Austauschbeziehungen zwischen Anbietern und Nachfragern, während Marktveranstaltungen die Funktion haben, Transaktionspartnern einen Raum für das direkte Aufeinandertreffen von Angebot und Nachfrage bereitzustellen.[49] Relevant sind hier vor allem überbetriebliche und einzelbetriebliche Marktveranstaltungen, auf denen entweder direkte oder indirekte Preisbildung stattfindet. Einzelbetriebliche Absatz- bzw. Beschaffungsorganisationen werden dagegen in elektronischen Hierarchien abgewickelt (vgl. Abb. 3-3).

Hier soll exemplarisch die Marktveranstaltung der Auktion als Ausprägungsform für elektronische Märkte skizziert werden. Bei der Auktion werden Angebot und Nachfrage zentral abgestimmt. Die Preise stehen nicht von vorneherein fest, sondern bilden sich durch die Koordination von Angeboten und Nachfragen, ausge-

---

46. Vgl. Malone, T./Yates, J./Benjamin, R., Markets, 1987, S. 489; vgl. dazu auch Benjamin, R./Wigand, R., Markets, 1995, S. 63 (zit. nach Office of Technology Assessment: Electronic Enterprises: Looking to the Future, Washington, D.C.: U.S. Government Printing Office, OTA, 1994).
47. Vgl. Malone, T./Yates, J./Benjamin, R., Logic, 1989, S. 166; ähnlich auch Picot, A., Theorieansätze, 1989, S. 369f.; dagegen Steinfield, C./Kraut, R./Plummer, A., Buyer-Seller, 1996, S. 3, die sinkende Koordinationskosten als gleichwertigen Vorteil für beide Koordinationsformen sehen.
48. Vgl. Kapitel 3.6., S. 46-51.
49. Vgl. Zbornik, S., Märkte, 1995, S. 108 und 153, zu Beispielen für Marktveranstaltungen und die Zuordnung elektronischer Koordinationsformen.

nommen der Fall, daß sich Kaufauftrag und Verkaufauftrag direkt entsprechen. Die Form der Auktion ist effizient, wenn die Zahl der Transaktionsteilnehmer eine bestimmte kritische Masse überschreitet und dadurch die meisten Angebote und Nachfragen abgewickelt werden können. Dabei kann der zugelassene Kreis der Auktionsteilnehmer sowohl geschlossen (bspw. elektronische Börse) als auch offen sein. Eine große Teilnehmerzahl erhöht die Wahrscheinlichkeit, daß sich Angebot und Nachfrage treffen. „Daher ist eine Verbreitung dieser Form des elektronischen Marktes insbesondere in Netzen mit hohen Teilnehmerzahlen (z.B. Internet) zu erwarten."[50]

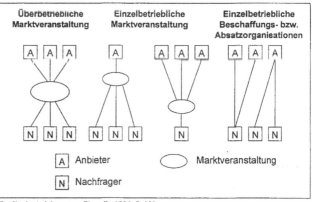

Quelle: in Anlehnung an Zbornik, 1995, S. 109

Abb. 3-3: Beziehungsstrukturen in Marktveranstaltungen und
Hierarchien

Netzwerkanbieter, Produzenten, Konsumenten, Intermediäre, Anbieter von Finanzdiensten sind potentielle Teilnehmer einer elektronischen Marktveranstaltung. Jeder hat bestimmte Motive, die ihn dazu veranlassen, einen elektronischen Markt zu organisieren bzw. als Betreiber aufzutreten. Die Tendenz geht allerdings dahin, daß die Bereitstellung von elektronischen Marktinfrastrukturen in Zukunft von einer unabhängigen dritten Partei bspw. Intermediären erfolgt.[51] Neben seiner

50. Picot, A./Reichwald, R./Wigand, R., Unternehmung, 1996, S. 339. Für Praxisbeispiele zu Auktionen siehe [Interactive], [Auction]; vgl. auch Meijs, C., Horticulture, 1995, S. 21f. sowie Gomber, P./Schmidt, C./Weinhardt, C., Synergie, 1996, S. 302ff.
51. Vgl. Zbornik, S., Märkte, 1995, S. 61 (zit. nach Himberger, Andreas/Schmid, Marcel: Empirische Studie zum Themengebiet Elektronische Märkte, Hochschule St. Gallen, Arbeitsbericht IM 2000/CCEM/11, St. Gallen: 1991, S. 23); vgl. auch Bakos, Y., Marketplaces, 1991, S. 2.

Vermittlungsfunktion kann der Intermediär demnach auch als sogenannter „Service Provider" auftreten.[52]

Ziel des elektronischen Handels soll die Integration von Handelsmittlerfunktionen und Marktveranstaltungen durch elektronische Handelssysteme sein. Das heißt, es müssen Funktionen von Intermediären identifiziert werden, die von Informations- und Kommunikationssystemen unterstützt oder vollständig übernommen werden können. Die Vermittlung auf elektronischen Märkten wird somit entweder von vollautomatisierten oder hybriden Systemen, unter Zusammenwirkung von Mensch und Maschine, realisiert. Der Vorteil automatisierter elektronischer Handelssysteme liegt in ihrer enormen technischen Verarbeitungskapazität in bezug auf Informationsbeschaffung und -verteilung. Die Qualität der menschlichen Akteure liegt in der Beeinflussung des Marktgeschehens durch ihre Erwartungen, Erfahrungen und die Interpretation der Marktinformationen.

3.6.   Die Einflußgrößen der Transaktionskosten auf die Entstehung von Intermediären unter den Auswirkungen von IKT

Von dem Prozeß hin zu marktnäheren, unternehmensübergreifenden Koordinationsformen könnte man in der in Kapitel 2 beschriebenen Weise Parallelen zur Entscheidung zwischen Direktkontakt und Einschaltung von Intermediären in die Leistungsbeziehung zwischen Anbieter und Nachfrager ziehen. Bezogen auf die Sichtweise der Wertschöpfung über Märkte, kann die Entwicklung demnach als „Move-to-Intermediation" interpretiert werden. Die Senkung der Transaktionskosten veranlaßt Unternehmen dazu, verstärkt Leistungen über den Markt zu koordinieren. Dieser Vorgang führt zu dezentralen Strukturen, die der Koordination bedürfen. Intermediäre können einen Teil dieser Koordination übernehmen.[53]

Um die Rolle der Intermediäre auf elektronischer Ebene beurteilen zu können, werden die Einflußgrößen auf die Entstehung und Entwicklung von Intermediären unter neuen Voraussetzungen untersucht. Informationstechnologien verändern das Gewicht bzw. die Relevanz der einzelnen Kriterien und können somit auch zu

---

52. Der Begriff des Service Providers wird oft synonym mit der Bezeichnung Internet Provider benutzt. Hier bedeutet er die Bereitstellung technischer Infrastrukturen zur Etablierung elektronischer Märkte. Bei Benjamin, R./Wigand, R., Markets, 1995, S. 66, entspricht dies dem Market Maker.

53. Auch hier soll darauf hingewiesen werden, daß Out-sourcing im Prinzip weiterhin hierarchische Strukturen aufweist und damit in den meisten Fällen keine Vermittlung notwendig ist; vgl. Steinfield, C/Kraut, R./Plummer, A., Buyer-Seller, 1996, S. 4.

einer anderen Bedeutung der Position von Intermediäre führen.

3.6.1. Grad der Spezifität

Das Kriterium der Faktorspezifität wurde im ersten Kapitel ausführlich behandelt. Es soll noch einmal in Erinnerung gerufen werden, daß ein hochspezifischer Prozeß auf herkömmlicher Ebene effizienter durch hierarchische Strukturen koordiniert wird. Auf elektronischer Ebene wird es für die Marktteilnehmer möglich sein, aufgrund flexibler Produktionstechnologien, vermehrt Transaktionen mit höherer Faktorspezifität räumlich verteilt zu koordinieren, d. h. es werden zunehmend produktspezifische Leistungen über den Markt bezogen. Grundsätzlich werden hochspezifische Leistungen von elektronischen Hierarchien abgewickelt. Allerdings senken moderne IKT die anfallenden Transaktionskosten, was zu einer Verlagerung der Aufgabenabwicklung hin zu marktnäheren, mehr unternehmensübergreifenden Koordinationsformen führt (vgl. Abb. 3-4). Spezifische Leistungsbeziehungen können bspw. von modularen Organisationseinheiten oder auch von unabhängigen Intermediären wahrgenommen werden.

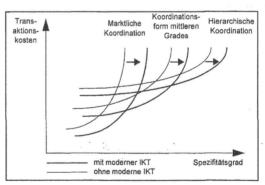

Quelle: in Anlehnung an Picot/Ripperger/Wolff, Boundaries, 1996, S. 69

Abb. 3-4: Einfluß von IKT auf die Transaktionskostenverläufe

Ein Beispiel für vertikale Disintegration ist der Computer-Markt. Ursprünglich ein hochspezifisches Gerät, wurde im Laufe der Zeit durch die Einrichtung von Hot-Lines, Help-Desks, elektronisch abrufbaren Informationen und Einführung des „plug and play"-Verfahrens die Produktspezifität des PC's verringert, so daß die

Abwicklung der Transaktionen zwischen Zulieferern, PC-Herstellern und Endkunden zunehmend durch Marktaktivitäten und unter Einbeziehung von Intermediären geregelt wird.

Andererseits läßt sich feststellen, daß relativ unspezifische Produkte, die bisher über Zwischenhandelsstufen vermittelt wurden, auf elektronischen Märkten tendenziell unter Umgehung von Intermediären angeboten werden können. Netzinfrastrukturen erleichtern die Übertragung von Produkten (bspw. Softwareapplikationen), dienen aber auch als Werbemedium oder erlauben dem Kunden, Sach- und Dienstleistungen „online" zu bestellen. Der Einsatz elektronischer Handelssysteme verschiebt den Tätigkeitsbereich der Intermediäre tendenziell in Richtung spezifischeren Transaktionen. Auf der einen Seite verliert er Kompetenzen in der Vermittlung standardisierter Leistungen, auf der anderen profitiert er durch IKT bei der Vermittlung spezifischerer Produkte.

In enger Verbindung mit dem Kriterium der Spezifität stehen Abbildbarkeit bzw. Beschreibbarkeit von Produkten.[54] Die Beschreibbarkeit von Produkten bezieht sich auf Informationen, die notwendig sind, um die Eigenschaften einer Sach- oder Dienstleistung detailliert genug zu beschreiben, damit ein potentieller Käufer daraufhin eine Kaufentscheidung fällen kann, ohne das eigentliche Produkt zuvor betrachtet zu haben. Mit Hilfe moderner IKT können relativ standardisierte Produkte informationstechnisch problemlos abgebildet werden. Zusätzlich wird es aber auch möglich sein, komplexe und schwer zu beschreibende Produkte einfacher darzustellen als bisher auf herkömmlicher Ebene. Das bedeutet, das Spektrum an Leistungen, die über den Markt gehandelt werden können, wird größer, folglich könnte auch ein erhöhter Bedarf an Vermittlung bestehen.

Obwohl beide Punkte relativ oft gemeinsam auftreten (hochspezifische Produkte erfordern häufig auch komplexere Produktbeschreibungen) sind sie unabhängig voneinander zu betrachten.

3.6.2. Zahl der Anbieter und Nachfrager

Auf herkömmlicher Ebene sorgt der Baligh-Richartz-Effekt für eine Reduktion der Kontakte zwischen Anbieter und Nachfrager und somit zu einer Transaktionskostensenkung. IKT erleichtern die Kontaktaufnahme insgesamt, speziell aber auch

---

54. Vgl. Malone, T./Yates, J./Benjamin, R., Markets, 1987, S. 486.

direkt zwischen den beiden Marktseiten. Diese Entwicklung läßt die Kosten für die Kontaktaufnahme eines Konsumenten mit dem Hersteller günstiger erscheinen. Dabei wird allerdings nicht berücksichtigt, daß der gemeinsame Datenraum des Marktes wesentlich größere Ausmaße auf elektronischer Ebene annimmt, was folglich auch zu wesentlich mehr Marktteilnehmern führt. Im Internet können theoretisch 40 Millionen Transaktionspartner miteinander Kontakt aufnehmen.[55] Dies macht den Einsatz von vermittelnden Institutionen wieder ökonomisch sinnvoll. Unter dem Aspekt des „Kontakt-Ökonomisierers" werden den Intermediären auch in elektronischen Märkten erhebliche Handlungsspielräume offen bleiben.

3.6.3. Koordination von Angebot und Nachfrage

Da elektronischer Handel jederzeit möglich ist (7 * 24 Stunden) und die Marktteilnehmer nicht immer zur gleichen Zeit auteinandertreten, erfährt die zeitlich-mengenmäßige Abstimmungsproblematik auf elektronischer Ebene eine noch größere Dimension. Informationen über Produkte müssen längere Zeit abrufbar sein, um eine möglichst breite Teilnehmerschicht zu erreichen. Produktinformationen können zwar auch von Anbietern direkt offeriert werden (z.B. Webseiten der Großunternehmen), bei fortschreitendem Wachstum des Marktes erscheint dies aber nicht mehr sinnvoll.[56] Andererseits werden durch telekommunikative und virtuelle Technologien die Orts- und Zeitkomponente zunehmend bedeutungsloser (Ubiquität der interaktiven Informationsträger). In erster Linie die mengenmäßige Koordination erfordert demnach den Einsatz von Intermediären.

IKT bieten den Vorteil, daß Bestellungen direkt an die Hersteller und Lieferanten gerichtet oder weitergegeben werden können, was den Warenbestand der konventionellen Händler reduziert. In der Abwicklungsphase muß allerdings unterschieden werden zwischen Produkten, die über ein elektronisches Medium transferiert werden können und solchen, die über den konventionellen Weg den Endabnehmer erreichen. In dieser Phase bietet sich der Intermediär als Zwischenstufe an; auf konventionelle Weise bspw. bei Transportleistungen und auf elektronischer Ebene als „lagerhaltende" Einrichtung, bspw. in Form eines Datenspeichers für digitale Produkte.

---

55. Nach Angaben von IDC (International Data Corporation) werden es Ende des Jahres rd. 56 Millionen Teilnehmer sein; vgl. [IDC]; vgl. auch Pitkow, J./Kehoe, C., WWW, 1996, S. 106ff., zur Zusammensetzung der Marktteilnehmer im Internet.
56. Das WWW könnte den Stellenwert einer „Killeranwendung" erreichen, ähnlich dem Telefon, was die Bedeutung der Präsenz von Anbieter im Netz relativiert.

3.6.4. Kommunikationsmöglichkeiten zwischen Anbieter und Nachfrager

Die Rahmenbedingungen für die Verständigung zwischen den Marktteilnehmern werden durch den Einsatz moderner IKT wesentlich verbessert. Die Überwindung geographischer Beschränkungen sowie die einheitliche Kommunikationsebene (bspw. das World Wide Web) erleichtern den Kontakt zwischen Anbieter und Nachfrager, die Transaktionskosten werden reduziert, die Informationsverarbeitungskapazitäten erweitert.[57] Der Einsatz von Intermediären wird eventuell bei Problemen der Vertrauensbildung („third-party-involvement") oder bei Differenzen in den Sprachgebrauchen erforderlich sein.

3.6.5. Verbundnachfrage

Auch auf elektronischer Ebene wird der Konsument heterogene Problemlösungen erwarten und somit selten auf die Basisprodukte der Hersteller zurückgreifen, obwohl sich dies bequemer und günstiger realisieren ließe als auf traditionellen Märkten. Aufgrund des beschränkten Zeitbudgets der einzelnen Individuen ist es wahrscheinlich, daß sie wie bisher auf die Dienste der Intermediäre vertrauen. Dieser hat die Möglichkeit, informationstechnisch unterstützt, maßgeschneiderte Problemlösungen anzubieten, die sich individuell am Nutzer orientieren. Umgekehrt kann der Kunde am Produktionsprozeß teilhaben, indem er seine Wünsche und Präferenzen über den Intermediär oder auch direkt an den Hersteller weitergibt.

Die Assemblingfunktion könnte zu einer der Hauptfunktionen für Intermediäre auf elektronischen Märkten werden, da immer mehr Kunden individuell und persönlich zugeschnittene Sach- und Dienstleistungen fordern. Es läßt sich ein Trend zu maßgeschneiderten Massenprodukten - sogenannte „virtual products" - erkennen, die speziell ein Intermediär aufgrund Skalen- und Synergieeffekten effizient realisieren kann.[58]

---

57. Ein Hemmungsfaktor bei der Überbrückung räumlicher Gegebenheiten sind die kulturellen und traditionellen Entwicklungen in verschiedenen Ländern und Kontinenten.

58. Vgl. Klein, S., Entwicklungstendenzen, 1994, S. 3f., zum Schlagwort des Reverse Marketing; der Kunde wird zum Prosument, d.h. er spielt eine aktive und mitgestaltende Rolle bei der Herstellung von Produkten und Dienstleistungen. Die Entwicklung vom Verkäufer- zum Käufermarkt geht damit einher, daß Elemente aus hierarchischen Beziehungen in die marktliche Koordination miteinbezogen werden. Zur Assemblingfunktion siehe auch Kapitel 4.5.3., S. 81.

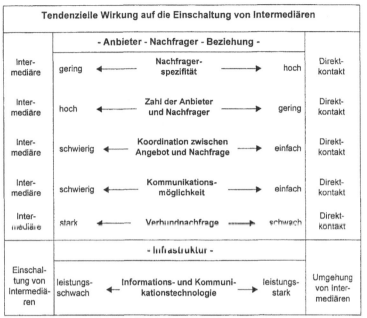

Tendenzielle Wirkung auf die Einschaltung von Intermediären				
	- Anbieter - Nachfrager - Beziehung -			
Inter-mediäre	gering ◄————	Nachfrager-spezifität	————► hoch	Direkt-kontakt
Inter-mediäre	hoch ◄————	Zahl der Anbieter und Nachfrager	————► gering	Direkt-kontakt
Inter-mediäre	schwierig ◄———	Koordination zwischen Angebot und Nachfrage	——► einfach	Direkt-kontakt
Inter-mediäre	schwierig ◄———	Kommunikations-möglichkeit	————► einfach	Direkt-kontakt
Inter-mediäre	stark ◄———	Verbundnachfrage ——►	schwach	Direkt-kontakt
	- Infrastruktur -			
Einschal-tung von Intermediä-ren	leistungs-schwach ◄—	Informations- und Kommuni-kationstechnologie	——► leistungs-stark	Umgehung von Inter-mediären

Quelle: in Anlehnung an Picot, Transaktionskosten, 1986, S. 11

Abb. 3-5: Einflußgrößen auf die Entstehung von Intermediären

Die einzelnen o. a. Einflußgrößen sind ceteris paribus untersucht worden, bedingen sich aber insgesamt betrachtet gegenseitig (vgl. auch Abb. 3-5). Ob Intermediäre unter Einbeziehung aller Faktoren auf elektronischen Märkten in ihrer Existenz bedroht sind oder aber ein erweitertes, globales Tätigkeitsfeld vorfinden, wird in Kapitel 4 näher erörtert. Allgemein kann man feststellen, daß moderne und leistungsstarke IKT tendenziell einen Abbau von Zwischenhandelsstufen bewirken. Momentan befindet sich diese Entwicklung in einer Phase, in der direkte Kontakte verstärkt beobachtbar sind.[59]

3.7. Virtuelle Wertschöpfungsketten

Bisher wurden eingehend die Veränderungen wirtschaftlicher Koordinationsstrukturen durch Informations- und Kommunikationstechnologien untersucht. Was sich daraus konkret für die Wertschöpfungsprozesse ergibt, wird im folgenden erörtert.

59. Vgl. Steinfield, C./Kraut, R./Plummer, A., Buyer-Seller, 1996, S. 9-12.

Man kann zwei unterschiedliche Ausprägungen der Wertschöpfungskette betrachten. Die (inner-)betriebliche Wertschöpfungskette entsteht durch die Abfolge der unterschiedlichen Funktionsprozesse, die innerhalb einer Unternehmung ablaufen. Die Grundfunktionen der Wertschöpfung einer Unternehmung sind Beschaffung, Produktion, Vertrieb. Diese Funktionen sind in traditionellen Organisationsstrukturen miteinander verknüpft.

Unter der industriellen Wertschöpfungskette versteht man die Verbindung des Anbieters (über Zwischenhändlerstufen) mit dem Nachfrager. Diese Wertschöpfungskette läßt sich auf dem Absatzmarkt ebenso finden wie auf dem Beschaffungsmarkt. Unternehmungen können somit gleichzeitig Anbieter und Nachfrager sein. Die Zwischenhändlerebene kann aus einer oder mehreren Stufen bestehen (Großhändler, Einzelhändler).

3.7.1. Betriebliche Wertschöpfungskette

Der Organisationsaufbau innerhalb eines Unternehmens zeichnet sich dadurch aus, daß die primären Aktivitäten eines Betriebs horizontal aneinander anschließen. Die Wertschöpfung besteht aus dem Mehrwert, der durch die Produktion im Betrieb geschaffen wird. Das Konzept der innerbetrieblichen Wertschöpfungskette stammt von Porter, der die Wertschöpfungsstufen im betrieblichen Gütererstellungsprozeß ermittelt und visualisiert hat.[60] Aufgrund des Einsatzes von IKT ist es möglich, die einzelnen Stufen nicht mehr nur innerhalb eines Betriebes umzusetzen, sondern den Prozeß der Wertschöpfung über mehrere Unternehmen hinweg zu verteilen.[61] Die Organisationsstrukturen werden neu ausgerichtet, d.h. die virtuelle betriebliche Wertschöpfungskette weist zwar noch die gleiche Struktur auf, die einzelnen Stufen sind jedoch räumlich verteilt und untereinander vernetzt. Dies kann zu wesentlich effektiveren Gütererstellungsprozessen führen aufgrund sukzessiver Spezialisierung und Arbeitsteilung.[62]

---

60. Vgl. Schneck, O., Betriebswirtschaft, 1994, S. 725; vgl. auch Porter, M./Millar, V., Information, 1985, S. 150-153.
61. Picot, A./Reichwald, R./Wigand, R., Unternehmung, 1996, S. 1ff, sprechen von der grenzenlosen Unternehmung; Konsynski, B./Karimi, J., Information, 1993, S. 81ff., untersuchen Struktur und Strategie von globalen virtuellen Unternehmungen.
62. Hier wird im Grunde auch eine elektronische Hierarchie realisiert; vgl. Rayport, J./Sviokla, J., Virtual, 1995, S. 78ff.

3.7.2. Industrielle Wertschöpfungskette

Im vierten Kapitel der Arbeit wird die Rolle der Intermediäre auf elektronischer Ebene analysiert. Ihre grundlegenden Funktionen können sie nur aufgrund der besonderen Position zwischen Anbieter und Nachfrager effizient wahrnehmen. Dieses Gefüge wird als industrielle Wertschöpfungskette bezeichnet. Die nachstehenden Betrachtungen beziehen sich dabei ausschließlich auf marktlichen Austausch, speziell auf den Absatzmarkt, da Zwischenhandel im Prinzip nur in diesem Bereich stattfindet. Auf Beschaffungsmärkten ist die Markttransparenz im allgemeinen höher, es stehen sich zudem wenige Transaktionspartner gegenüber. Dies hat bisher nicht zur Bildung einer Zwischenhändlerstruktur geführt.[63] Transaktionen werden hier in erster Linie über hierarchische Strukturen oder einzelbetriebliche Marktveranstaltungen abgewickelt.[64]

Eine traditionelle industrielle Wertschöpfungskette ist charakterisiert durch die Stufe der Anbieter, in diesem Fall Unternehmungen, die Basisleistungen bzw. Rohprodukte anbieten, die Stufe der Vermittler oder Intermediäre, die aus den Basisprodukten Güterbündel bilden und diese an den Endkunden weitervermitteln sowie die Stufe der Endkunden, die angebotene Leistungen konsumieren. Zwischen den beiden Endpunkten der Wertschöpfungskette können verschiedene Stufen von Intermediären vertikal angeordnet sein, in manchen Beziehungen fällt die Ebene des Zwischenhandels aber auch vollständig weg. Die Aufgaben des Handels mit Gütern muß in diesem Fall von einer der beiden restlichen Stufen erfolgen. Der Einsatz von IKT wird eine Umstrukturierung der Wertschöpfungskette auslösen, mit Auswirkungen auf alle Stufen des beschriebenen Gefüges. Die Architektur der Wertschöpfungskette in einem elektronischen Markt kann wie folgt dargestellt werden (vgl. Abb. 3-6):[65]

- Produkte mit Commodity-Charakter werden auf globalen elektronischen Märkten angeboten. Das sind Güter oder Dienstleistungen wie Flug-, Bahn- und Schiffsreisen, Versicherungen oder Zahlungsverkehr, die auch als Basisprodukte bezeichnet werden.

- Auf der nächsten Stufe erfolgt die Bündelung - auch Assembling genannt - der Basisprodukte zu Paketen, die eine möglichst umfassende Problemlösung für

---

63. Vgl. Koppelmann, U., Marketing, 1991, S. 26 und 111; ebenso Arnold, U., Beschaffung, 1995, S. 93-100.
64. Man kann hier folgendermaßen abgrenzen (aus Sicht der Unternehmung): upstream erfolgt die Koordination durch elektronische Hierarchien, downstream werden elektronische Märkte als Koordinationsmechanismus fungieren.
65. Vgl. Schmid, B., Mall, 1995, S. 23ff.

den Kunden darstellen.[66] Dieser Assembling-Prozeß kann ein- oder mehrstufig
erfolgen und ist kunden- und problemorientiert. Hier stellt sich die Frage, welche Organisationseinheit diesen Prozeß ausführt. Es spricht viel für selbständige
Einheiten i.S.v. Intermediären, deren Aufgabe nur in der Transformation von
Basisprodukten in Gütersortimente besteht.

- Die Paketlösungen werden schließlich auf problem- und kundenspezifischen
  elektronischen Märkten angeboten. Hier werden Produkte mit neuen Profilen
  offeriert - Produkte, die mit Dienstleistungen wie Produktbewertungen oder
  interaktiven Produktdemonstrationen gekoppelt werden.

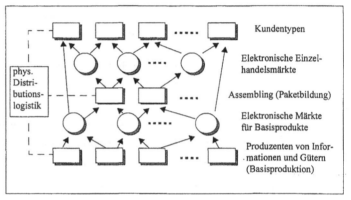

Quelle: in Anlehnung an Schmid, Mall, 1995, S. 24

Abb. 3-6: Allgemeine Struktur elektronischer Märkte

Die Etablierung elektronischer Märkte erfolgt schneller in Branchen, in denen
informationstechnisch einfach abzubildende Produkte gehandelt werden wie z.B.
im Unterhaltungssektor oder in der Tourismusbranche. In diesen Branchen entwik-
keln sich auch weitestgehend elektronische Märkte im engeren Sinne, die alle Phasen der Markttransaktion unterstützen. Dagegen wird die Abwicklungsphase auf
einem Großteil der elektronischen Märkte auf konventionelle Weise realisiert. Die
Zustellung oder Lieferung kann zum Beispiel von weltweit tätigen Transportunternehmen wie UPS oder FedEx erbracht werden, während die Auswahl und Bestellung des Produktes über den elektronischen Weg abläuft.[67] Folglich sind in einer

---

66. Im Bereich des Tourismus z.B. Flugreise, Hotel, Mietwagen als Paket, im Bereich der
    Computerindustrie z.B. Drucker, Soundkarte, Monitor und PC als Paket.
67. Vgl. dazu [FedEx], [UPS].

virtuellen Wertschöpfungskette weiterhin Schnittstellen zu einem physischen Distributionsnetzwerk vorhanden.

Es sprechen einige Gründe für die Etablierung elektronischer Märkte. Zum einen erfüllen genügend Sach- und Dienstleistungen die notwendigen Kriterien, um auf einem elektronischen Markt gehandelt zu werden (einfach zu beschreiben, homogen, unspezifisch, informationstechnisch leicht abzubilden). Ein zweiter ausschlaggebender Punkt ist die Raumüberbrückungsfunktion der modernen Informations- und Kommunikationstechnologien. Da der Absatzvorgang aus den zwei Komponenten Transaktion und Übergang der Verfügungsgewalt besteht, kann bei Separierung der erste Teil vollkommen elektronisch realisiert werden.[68] Für die einzelnen Individuen wird es möglich sein, bestimmte Bereiche des alltäglichen Lebens von zu Hause aus zu erledigen. Der Aspekt der Raumüberbrückung kann zwar durch Intermediäre verstärkt zur Geltung kommen, ist aber allein auf die Möglichkeit, Geschäftstransaktionen über elektronische Medien abzuwickeln, zurückzuführen. Multimediale Information und Kommunikation garantieren nicht nur Zeitersparnis, größere Auswahl, höhere Qualität und niedrigeren Preis, auch die unter wirtschaftspolitischen Gesichtspunkten bedeutenden Prozesse des „Signalling" und „Sreening" erfahren eine neue Dimension, da die Marktteilnehmer im Prinzip alle auf gleicher Ebene agieren. Zum einen erfahren die Aktionen eines Wirtschaftssubjekts, mit deren Hilfe es glaubwürdige Informationen über seine Eigenschaften, Verhaltensweisen und Absichten vermitteln will, eine wesentlich größere Reichweite, andererseits stehen auch weit auseinander liegenden Produzenten und Konsumenten effizientere Systeme der Kommunikation zur Verfügung, um die Bedingungen von Transaktionen zu überprüfen.

Ein Indikator, der auf eine positive Zukunft für elektronische Märkte hinweist, ist der aktuell stark wachsende Markt der Katalogbestellungen über das Fernsehen (Teleshopping), der als Vorläufer virtueller Transaktionsprozesse gilt.[69] Diese elektronisch unterstützte Variante des Versandkataloges stellt nur eine primitive Form des elektronischen Handels dar.

---

68. Rayport, J./Sviokla, J., Marketspace, 1994, S. 142ff., differenzieren beim Übergang von „Marketplace" zu „Marketspace" zwischen Inhalt und Kontext einer Transaktion sowie der Infrastruktur, die eine Transaktion ermöglicht.
69. Vgl. Sherman, S., Superhighway, 1994, S. 63ff.

3.8.   Kritische Betrachtung elektronischer Märkte

Elektronische Märkte können traditionelle Märkte ergänzen, substituieren oder als alternatives Absatzmedium betrachtet werden. Eine vollkommene Substitution konventioneller Marktstrukturen ist auf absehbare Zeit nicht vorstellbar. Vielmehr werden elektronische Märkte als ein zusätzlicher Absatzkanal angesehen. Von entscheidender Bedeutung für die Etablierung elektronischer Märkte sind Probleme wie Marktzugang, die Neuverteilung der Gewinne entlang der Wertschöpfungskette und die Sicherheit im Netz.

Der Grad der Offenheit elektronischer Handelssysteme und die Gestaltung der Schnittstelle zwischen Mensch und Maschine regeln, wer Zugang zu elektronischen Märkten erhält. Die Gewinnverteilung entscheidet, ob Anbieter, Nachfrager, Intermediäre oder Netzbetreiber von der Transaktionsabwicklung auf elektronischer Ebene profitieren.[70] Und schließlich tragen die Weiterentwicklung sicherer Zahlungssysteme, Verschlüsselungsmethoden und von Multimediagesetzen (zum Verbraucher-, Quellen-, Jugendschutz) zu einem stärkeren Vertrauen in den elektronischen Handel bei. Die Konsumenten entscheiden, ob sie in Zukunft ihre Güter über konventionelle oder elektronische Wege beziehen.

Elektronische Märkte als Grundlage für ökonomische Austauschbeziehungen der Transaktionspartner gewinnen zunehmend an Bedeutung. Folglich entsteht auch ein erfolgversprechender globaler Datenraum für das Tätigkeitsfeld elektronischer Intermediäre. An einer empirischen Bestätigung dieser Thesen fehlt es bislang noch, in der Praxis sind jedoch Tendenzen in diese Richtung zu erkennen.[71] Bestes Beispiel für die rasante Entwicklung im Bereich des elektronischen Handels ist das Internet, das als offenes, dezentrales, „chaotisches" Netzwerk den freien Austausch von Daten und somit auch die Etablierung einer Vielzahl von Mittlerdiensten ermöglicht. Im Rahmen der weltweiten Vernetzung behalten alle drei Formen der Koordination auf elektronischer Ebene ihre Berechtigung, jedoch mit der Betonung einer flexibleren Gestaltung der Handelsbeziehungen zwischen Wirtschaftssubjekten.

---

70. Zur Frage der Gewinnerzielung bzw. der Gewinnverteilung auf elektronischer Ebene siehe Benjamin, R./Wigand, R., Markets, 1995, S. 65f.; insbesondere aber Bakos, Y., Marketplaces, 1991, S. 300ff.
71. Vgl. Kapitel 4.5., S. 72ff.

4. Die Rolle der Intermediäre auf elektronischen Märkten

In diesem Teil der Arbeit wird die Institution Intermediär untersucht, die auf einem Markt Angebot und Nachfrage der Marktteilnehmer koordiniert. Intermediäre können durch ihre spezifischen Dienstleistungen wesentlich zur Effizienz von Märkten, sowohl für Informationsprodukte als auch für physische Produkte, beitragen.[1] Ihre Funktion beschränkt sich dabei nicht nur auf Beschaffung, Bündelung und Verteilung. Im Zusammenhang mit dem Weg eines Gutes vom Hersteller zum Konsumenten müssen auf konventioneller wie auf elektronischer Ebene eine Vielzahl von Handelsfunktionen ausgeführt werden. Durch seine Spezialisierung auf den Einkauf bzw. Verkauf von Sach- und Dienstleistungen ist der Intermediär prädestiniert für die Wahrnehmung der Handelsfunktionen in dieser Beziehung.

Grundsätzlich wird unter ökonomisch rationalen Gesichtspunkten ein Intermediär in eine Transaktionsbeziehung mit einbezogen, wenn die (Transaktions-) Kosten für Anbieter und Nachfrager nach Einschaltung niedriger sind als davor oder umgekehrt wenn er im Vergleich zum direkten Kontakt von Produzent und Konsument nicht zusätzliche Kosten verursacht. In der Praxis sind allerdings auch Fälle beobachtbar, in denen ein Direktkontakt kostengünstiger wäre, Intermediäre aber trotzdem zwischengeschaltet sind.[2] Zum einen füllen Intermediäre gewisse nicht-ökonomische Funktionen effizienter aus als beide Seiten der Transaktionsbeziehung, zum anderen sind in manchen gewachsenen Strukturen Intermediäre derart stark involviert, daß sie trotz überhöhter Provisionen bzw. Gewinnspannen kaum zu umgehen sind.

Nach Begriffsdefinition, Unterscheidung diverser Formen und Darstellung ausgewählter Funktionen und Dienste von Zwischenhändlern wird anhand einer transaktionskostentheoretischen Analyse die zukünftige Ausrichtung der Intermediäre auf elektronischen Märkten gekennzeichnet. Im Rahmen dieser Diskussion werden konkrete Beispiele von Intermediären auf elektronischer Ebene vorgestellt.

4.1. Elektronische Intermediäre

Der Begriff „Elektronische Intermediäre" ist zweideutig. Intermediäre auf elektro-

---

1. Vgl. Resnick, P./Zeckhauser, R./Avery, C., Brokers, 1995, S. 1.
2. Dies ist abhängig von der Transaktionsatmosphäre; vgl. 2.2.3.3., S. 16f., aber auch das Beispiel in Kapitel 4.4.2., S. 67f.

nischer Ebene können reine Maschinen sein (i.S.v. Computern) oder hybride Systeme, d.h. Menschen benutzen IKT, die sie in ihrer Entscheidungsfindung unterstützen. Daß rein technische Systeme die menschlichen Intermediäre vollständig verdrängen können, ist relativ unwahrscheinlich. Beide Formen haben unterschiedliche Qualitäten und Fähigkeiten. Unter reinen Maschinen versteht man elektronische Handelssysteme, die standardisierte Informationsbeschaffungs- und -vermittlungsprozesse völlig selbständig und automatisiert durchführen können. Die auf IKT basierenden Systeme sorgen für eine schnellere und exaktere Durchführung und erhöhen gleichzeitig die Markttransparenz. Eine weitere Variante rein maschineller Systeme sind sogenannte Intelligent Agents, die eine Vielzahl an Prozessen innerhalb schnellster Zeit abwickeln können.[3] Diese Intelligent Agents werden mit Algorithmen programmiert, deren Ursprung im Bereich der Künstlichen Intelligenz zu finden ist. Die Agenten unterstützen den Nutzer hinsichtlich seiner begrenzten Kapazitäten, dienen darüber hinaus aber auch als persönliche Assistenten. Der informationelle Mehrwert nimmt hier eine bedeutende Position ein.[4] Auf der anderen Seite findet mittels hybrider Systeme eine intellektuelle Vermittlung statt. Der gesunde Menschenverstand ist ein nicht zu unterschätzender Faktor beim Ausgleich verschiedener Interessen und auftretender Spannungen. Komplizierte Probleme können von Menschen in Einzelaufgaben unterteilt werden, die dann von elektronischen Systemen gelöst werden.[5]

Wenn auf konventioneller Ebene Wirtschaftssubjekte nach Informationen suchen, bedienen sie sich häufig der Dienste von Intermediären, die für ihre Leistung Gebühren verlangen oder Provisionen erhalten. Diese Auslagerung der Informationsgewinnung findet aus verschiedenen Gründen statt. Viele Unternehmungen wollen sich auf ihr Kerngeschäft konzentrieren, einzelne Individuen haben nicht die Zeit für umfangreiche Informationsbeschaffung. Auf elektronischer Ebene werden zum jetzigen Zeitpunkt in erster Linie Informationen gehandelt. Informationen lassen sich leicht digitalisieren, es können vollständige elektronische Märkte mit Informationsprodukten realisiert werden.[6] „Elektronische Informationen bilden die Basis für elektronische Märkte."[7] Auch auf dem Gebiet informati-

---

3. Vgl. Etzioni, O./Weld, D., Agents, 1995, S. 44; vgl. auch Shardanand, U./Maes, P.,
   Algorithms, 1995, S. 5ff.
4. Vgl. Kapitel 4.5.3.3., S. 84f.
5. Im Prinzip steht hinter jeder Maschine auch irgendwo ein Mensch, dies soll hier aber
   vernachlässigt werden; vgl. Hermans, B., Agents, 1996, S. 35ff.
6. Ein umfassendes Modell zum Informationsmarkt auf elektronischer Ebene hat Laufmann, S., Information, 1996, S. 115ff. entworfen.
7. Picot, A./Reichwald, R./Wigand, R., Unternehmung, 1996, S. 340.

onstechnisch leicht abbildbarer Produkte (CD, Video) und im Dienst-
leistungsbereich (Produktbewertungen) lassen sich ähnliche Entwicklungen nach-
zeichnen. Im Endeffekt bedeutet dies, daß auf aktuellen elektronischen Märkten in
erster Linie zur Informationsgewinnung auf Intermediäre zurückgegriffen wird,
d.h. sie treten vorwiegend in der Informationsphase auf. In Vereinbarungs- und
Abwicklungsphase tritt der Konsument häufig direkt mit dem Anbieter in Kontakt,
oder er nutzt die konventionellen Möglichkeiten.

4.2. Formen von Intermediären

Die unterschiedlichen Ausprägungen von Intermediären können nach Eigentums-
bzw. Besitzverhältnissen am gehandelten Gut und dem Grad der Abhängigkeit von
Anbieter oder Nachfrager eingeteilt werden. Die bedeutendste Gruppe der Intermediäre sind Händler, die Güter von den Produzenten beziehen, das Eigentum
daran erwerben und an Nachfrager weiterveräußern. In einer zweiten Gruppe werden Vertreter zusammengefaßt, die im Namen des Auftraggebers verhandeln,
jedoch kein Eigentum an der Verhandlungssache besitzen. Eine weitere Form übt
in erster Linie unterstützende Funktion in unabhängiger Stellung aus, beispielsweise Transportunternehmen, Service Provider, Finanzintermediäre oder Werbeagenturen. Für alle drei Formen gilt der Überbegriff der Intermediäre oder auch
Handelsmittler (im Englischen Middleman oder Intermediary).

Die Händler (Merchants) werden in Großhändler (Wholesaler) und Einzelhändler
(Retailer) abgegrenzt. Der Unterschied zwischen beiden besteht darin, daß der
Großhändler meistens mit den Produzenten in direktem Kontakt steht, während der
Einzelhändler auf der anderen Seite direkt an den Endkunden verkauft. Beide ver-
bindet das Eigentum an den gehandelten Waren.

Die Vertreter (Agents) sind eine unternehmerische Einheit, die vor allem zwischen
den Parteien vermittelt und Käufe bzw. Verkäufe abschließt. Vertreter sind nicht
Eigentümer der vermittelten Produkte, sie beziehen ihre Vergütung aus Provisionen oder Gebühren. Die Gruppe der Vertreter wird unterteilt in Makler (Broker),
Kommissionäre (Commission Merchants) und Verkaufsvertreter (Sales Agents).
Der Makler hat keine direkte physische Kontrolle über die Güter. Er vertritt Käufer
oder Anbieter in Verhandlungen, hat jedoch nur eingeschränkten Spielraum durch
seinen Auftraggeber. Der Kommissionär ist Besitzer der Ware und hat dadurch
größeren Spielraum als der Makler. Zu seinen Aufgaben zählen Organisation der

Lieferung, Gewährung von Krediten und Abwicklung des Zahlungsverkehrs. Der Verkaufsvertreter schließlich arbeitet auf reiner Vertragsbasis und verkauft die Produkte seines Auftraggebers. Dabei genießt er völlig freien Spielraum.[8]

Von Interesse sind hier vor allem die unabhängigen Händler bzw. Makler, die zwischen zwei oder mehr Parteien vermitteln. Während Händler aufgrund ihrer Eigentumstransformation in erster Linie Distributionsfunktionen wahrnehmen, werden Makler hauptsächlich für die Informationsvermittlung berücksichtigt. Ein Verkaufsvertreter könnte bspw. auch im Direktvertrieb eingesetzt werden und erfüllt somit nicht mehr die Kriterien der hier untersuchten Intermediäre.

4.3.   Ausgewählte Funktionen von Intermediären

Manche Funktionen, die Intermediäre entweder nur durch ihre Existenz oder durch aktive Einflußnahme ausüben, können auf konventioneller und elektronischer Ebene beobachtet werden. Andere wiederum sind nur durch Informations- und Kommunikationstechnologien möglich. Zusammen bilden diese Funktionen die Grundlage für das Angebot konkreter Dienste der Intermediäre. Im folgenden werden verschiedene Funktionen und Dienste der Intermediäre vorgestellt, die unmittelbar transaktionskostensenkende Wirkung haben, aber auch primär subjektiven Wert besitzen können.[9] Die Auswahl erfolgt unter dem Gesichtspunkt der unmittelbaren Relevanz, da Zwischenhändler bei Ausübung ihrer Tätigkeit zahlreiche weitere Funktionen wahrnehmen. Schließlich treten bei Vermittlung und Koordination auch „economies of scale, scope and knowledge" auf, ähnlich wie bei produzierenden Unternehmungen, deren Wirkung durch die Nutzung von Informationstechnologien noch stärker in den Vordergrund tritt und die zur Senkung von Transaktionskosten des Intermediärs selbst beitragen.

4.3.1.   Handelsfunktionen

Die Mehrzahl aller Transaktionen zwischen Produzent und Konsument wird auf konventioneller Ebene über eine oder mehrere Zwischenhandelsstufen abgewickelt.[10] Der Einsatz von Intermediären wird allgemein auf ihre überlegene Effizienz

---

8. Vgl. Kotler, P., Marketing, 1982, S. 435f.
9. Auch rein subjektive Faktoren können Transaktionskosten senken (bspw. die Neutralität des Intermediärs).

in bezug auf die Durchführung bzw. Erfüllung fundamentaler Handelsfunktionen zurückgeführt. Der Transaktionskostenansatz von Coase sowie die Lehre der Handelsfunktionen tragen wesentlich zur Erklärung der Entstehung und Entwicklung von Intermediären bei.[11]

Im speziellen kann man folgende Handelsfunktionen unterscheiden, die im Rahmen der Distribution einer Sach- oder Dienstleistung identifiziert werden:[12]

- **Quantitätsfunktion**: Transformation der Kontraktquanten auf der Beschaffungsseite im Verhältnis zur Absatzseite eines Intermediärs (die Kontraktquanten werden in der Regel verkleinert).[13]

- **Sortimentsfunktion**: Mischen und Sortieren sowie Bilden von Sortimenten. Der Intermediär offeriert eine Auswahlmöglichkeit aus dem Angebot mehrerer Produzenten. Dieses typische und unverwechselbar eigenständige Merkmal der Intermediäre wird auch als Qualitätsfunktion bezeichnet.

- **Werbe- und Beratungsfunktion**: Diese beiden Funktionen setzen an der Kontaktfunktion der Intermediäre an. Auf der Grundlage von Informationsasymmetrien zwischen beiden Marktseiten bedeutet die Beratungsfunktion Informationsgewinnung, d.h. die Sammlung von Informationen, die zur Anbahnung einer Transaktion nötig sind. Die Werbefunktion zielt auf die Absatzförderung ab, d.h. die Gewinnung von Transaktionspartnern durch eine Vielzahl von Aktivitäten.

- **Raumfunktion**: Die Raumüberbrückung bietet die Basis für eine Ersparnis von Transaktionskosten durch das Auffinden geeigneter Handelspartner für den Güteraustausch sowie durch die physische bzw. dispositive Übertragung der Ware.

---

10. 76% aller Produkte werden über eine oder mehrere Zwischenhandelsstufen abgesetzt; siehe Coyle, J./Andraski, J., Channel, 1990, S. 247 (Nach einer Studie der Business Week vom 9. Juni. 1989, S. 91).
11. Die zur Distribution eines Produktes vom Hersteller zum Endnutzer auszuführenden Marketingfunktionen entsprechen in Teilen den Handelsfunktionen. Der Unterschied besteht in den Trägern der Funktionen. Während Handelsfunktionen im Prinzip nur von Intermediären ausgeübt werden, können Marketingfunktionen wie Absatzförderung, Informationsgewinnung oder Kontaktaufnahme auch von Produzenten und Konsumenten wahrgenommen werden. Handelsfunktionen sind zudem auch im Rahmen der Einflußgrößen der Transaktionskosten auf die Entstehung von Intermediären erkennbar.
12. Vgl. Tietz, B., Handelsbetrieb, 1993, S.11-15 für eine Auflistung ausgewählter Funktionssystematiken; vgl. auch Klein-Blenkers, F./Reisen, M., Distributionswirtschaft, 1985, S. 582, die Distributionsfunktionen in Güter-, Kommunikations-, Umschlags- und Entgeltfunktion einteilen; vgl. auch Resnick, P./Zeckhauser, R./Avery, C., Brokers, 1995, S. 2f.; Oberparleiter, K., Warenhandel, 1955, S. 6ff.; Gümbel, R., Handel, 1985, S. 16; zu Marketingfunktionen vgl. Kotler, P., Marketing, 1982, S. 434f.
13. Als Grundlage für eine weitere Ersparnis von Ressourcen siehe die Diskussion über den Warehouse-Location-Ansatz bei Gümbel, R., Handel, 1985, S. 106ff.

- **Zeitliche Funktion**: Ausgleich von zeitlichen Inkongruenzen bei Güterströmen. Pendant zur Kreditfunktion auf Geldebene.

- **Kreditfunktion**: Ausgleich von Inkongruenzen im Geldbereich durch Gewährung von Zahlungszielen und Finanzierung der Warenumsätze.

Handelsfunktionen können sich sowohl auf die Bewerkstelligung von Transaktionen beziehen als auch auf die Unterstützung von Transaktionen im Rahmen von Sekundärtransaktionen wie Finanzierung oder physische Distribution.

Zusätzlich zu den oben angeführten Handelsfunktionen kann man weitere spezifische Aufgaben abgrenzen, die von Intermediären als dritte Partei erfüllt werden können. Hierzu zählen bspw. Anonymität, Neutralität, Qualitätskontrolle und -bewertung, die später noch näher behandelt werden.[14]

Die traditionelle Ausübung der Handelsfunktionen erfährt auf elektronischer Ebene eine andere Bedeutung.[15] Moderne informationstechnische Infrastrukturen können bspw. Funktionen der raum-zeitlichen Art substituieren. Darüber hinaus werden zum jetzigen Zeitpunkt viele Funktionen von Anbietern und Nachfragern erfüllt, da sich Intermediäre auf elektronischer Ebene noch nicht dem traditionellen Ausmaß entsprechend etabliert haben. Es deutet sich allerdings eine ähnliche Position an, da auch auf elektronischen Märkten Intermediäre bestimmte Handelsfunktionen wie z.B. die Sortimentsfunktion effizienter wahrnehmen können.[16] Auch die Ausgestaltung der momentan noch stark auf Informationsvermittlung beschränkten elektronischen Märkte spielt eine wichtige Rolle bei der Funktionsausübung der Intermediäre. Sind elektronische Märkte vollständig über alle Transaktionsphasen realisiert, kann der elektronische Intermediär entsprechend in allen Phasen agieren. Ist aber bspw. die Abwicklungsphase konventioneller Art, können traditionelle Intermediäre die Funktion der physischen Distribution übernehmen. D.h., der Medienbruch, der in vielen Branchen, über alle Transaktionsphasen gesehen, noch auftritt - in einigen Branchen tritt er zwangsläufig durch fehlende Digitalisierbarkeit der Produkte auf - stellt eine Beschränkung für die Rolle der Intermediäre auf elektronischer Ebene dar.

---

14. Siehe Kapitel 4.3.2.1. - 4.3.2.3., S. 63ff.
15. Vgl. Coyle, J./Andraski, J., Channel, 1990, S. 250.
16. Vgl. Steinfield, C./Kraut, R./Plummer, A., Buyer-Seller, 1996, S. 14.

4.3.2. Dienste von Intermediären

Um den Einfluß von Informations- und Kommunikationstechnologien auf die Rolle der Intermediäre genauer untersuchen zu können, muß eine differenziertere Betrachtung der Dienste von Intermediären im Rahmen der Handelsfunktionen erfolgen. Die Aufgabe der Zwischenhändler, Transaktionskosten zu senken, führt zu der Frage, welche Transaktionskosten betroffen sind. Transaktionsbeziehungen in der Wertschöpfungskette können Transaktionskosten des Anbieters, des Nachfragers und auch des Intermediärs verursachen, die in differenzierter Weise von IKT betroffen sind. Um diese Untergliederung genauer erörtern zu können, wird nachfolgend auf ausgewählte Dienste, die ein Handelsmittler für die Konsumenten leistet ebenso eingegangen wie auf solche, von denen die Produzenten profitieren. Die Bedeutung der Dienste wird ersichtlich, wenn man berücksichtigt, daß bei Umgehung von Intermediären diese Aufgaben weder von Produzenten noch von Konsumenten ähnlich effizient wahrgenommen werden können.

4.3.2.1. Dienste auf der Konsumentenseite

Auf dem klassischen Markt stellt der Intermediär eine Reihe von Dienstleistungen für den Nachfrager zur Verfügung:[17]

- **Suche und Bewertung**: Intermediäre unterstützen den Konsument in seinem Suchprozeß bzw. bei der Informationsbeschaffung. Darüber hinaus sorgen sie für Qualitätskontrolle und Produktbewertungen. Der Konsument legt Wert auf Vertrauenswürdigkeit und Zuverlässigkeit eines Gutes. Der Intermediär kann zwar nicht für hohe Qualität garantieren, repräsentiert aber in der Auswahl seiner Produkte ein bestimmtes Qualitätsniveau. Eine zusätzliche Funktion, auch aufgrund seiner unabhängigen Stellung, ist die Produktbewertung wie sie z.B. die Stiftung Warentest anbietet.[18]

- **Matching und Bedürfnisidentifizierung**: Intermediäre bieten dem Endkunden Möglichkeiten, seine Bedürfnisse und Anforderungen an ein Produkt zu identifizieren, da er sich in vielen Fällen seiner Präferenzen nicht bewußt ist. Dem Kunden werden Information über das Produkt und dessen Nutzung zur Verfügung gestellt. Dadurch greift der Intermediär aktiv in die Kaufentscheidung des

---

17. Vgl. Sarkar, M./Butler, B./Steinfield, C., Intermediaries, 1996, S. 7f.
18. Auf elektronischer Ebene entspricht dies den Better Bit Bureaus, namentlich abgeleitet von den Better Business Bureaus in den USA. Vgl. dazu [BBB].

Konsumenten ein. Letztendlich versucht er, die Angebote des Produzenten und die Bedürfnisse des Konsumenten aneinander anzupassen, was für beide Seiten die Einsparung von Transaktionskosten bedeutet.

- **Risikomanagement für Konsumenten**: Das Risiko für Konsumenten besteht darin, solche Produkte zu kaufen, die später seinen Wünschen nicht mehr entsprechen.[19] Ursachen dafür können Unsicherheit des Konsumenten über seine Bedürfnisse, falsche Einschätzung des Produktes sowie Produzentenfehler sein. Durch das Angebot von Rückgabe- und Umtauschrechten sowie zusätzlicher Garantien reduzieren Intermediäre das Risiko der Endnutzer beim Leistungserwerb.[20]

4.3.2.2. Dienste auf der Produzentenseite

Ebenso wie auf der Konsumentenseite gibt es eine Reihe von Diensten, die Intermediäre für die Produzenten wahrnehmen. Einige dieser Funktionen werden hier vorgestellt:[21]

- **Verbreitung von Produktinformation**: Intermediäre informieren den Verbraucher über die Existenz und die Eigenschaften von Produkten. Durch die Wahl des Intermediärs bestimmen die Produzenten, auf welche Weise der Konsument informiert wird (z.B. über Warenhauskatalog, Einzelhandel, Werbeagenturen).

- **Einfluß auf die Kaufentscheidung**: Produzenten haben zum Ziel, den Konsumenten in seiner Kaufentscheidung zu beeinflussen. Dadurch bewerten die Hersteller die Möglichkeiten der Intermediäre, auf die Kaufentscheidung einzuwirken. Durch den direkten Kontakt der Zwischenhändler mit dem Endverbraucher entstehen einige Möglichkeiten, dessen Verhalten zu manipulieren (Product Placement, Ratschläge eines Verkäufers). Um sich den Einfluß der Intermediäre zu sichern, benutzen die Hersteller preispolitische Mittel wie Spezialrabatte, Stellflächenbezahlung, Kommissionsausgleichsregelungen.

- **Konsumenteninformationen**: Intermediäre können den Produzenten mit Informationen wie dem Kaufverhalten des Verbrauchers versorgen. Diese Informationen, die auch im Rahmen von Marktforschungen erhoben werden, benutzen die Hersteller dazu, den Erfolg neuer Produkte einschätzen zu können oder den

---

19. Vgl. Kotler, P., Marketing, 1982, S. 172, zur Theorie der kognitiven Dissonanz.
20. Diese Funktion der Intermediäre wird auch After-Sales-Service genannt, ist also der Abwicklungsphase nachgelagert.
21. Vgl. Sarkar, M./Butler, B./Steinfield, C., Intermediaries, 1996, S. 8f.

Produktionsprozeß bereits existierender Produkte besser abstimmen zu können. Die Informationen können explizit oder auch implizit durch die Auswertung von Nachfrageveränderungen erhoben werden.

- **Risikomanagement für Produzenten**: Risiken für den Hersteller entstehen aufgrund von Diebstahl und Betrug durch Konsumenten, falls er direkt mit den Verbrauchern in Kontakt kommt. Dieses Problem kann vollkommen auf die Intermediäre abgewälzt werden, die Methoden und Praktiken entwickelt haben, um das Risiko zu begrenzen oder gar auszuschließen. Risikomanagement durch Intermediäre hilft Konsumenten wie Produzenten, Gefahren zu minimieren, die in Austauschbeziehungen verstärkt auftreten können.[22]

4.3.2.3. Dienste für beide Marktseiten

Von den folgenden zwei Faktoren profitieren beide Marktseiten. Der Intermediär steht hier als neutrale Institution zwischen Anbieter und Nachfrager.

- **Produktdistribution**: Transport, Lagerung und Lieferung von Gütern sind wichtige Funktionen, die von Intermediären übernommen werden können. Durch die Distribution kann sich der Wert einer Ware erheblich verändern. Aufgrund des Einsatzes von Informationstechnologie bilden sich sogar spezielle Intermediäre heraus, die Distribution als einzige Aufgabe wahrnehmen.

- **Integration von Produzenten- und Konsumentenbedürfnissen**: Intermediären kommt die Aufgabe zu, zwischen den Bedürfnissen beider Marktseiten zu vermitteln. Die Integration dieser unterschiedlichen Bedürfnisse zählt zu den wichtigsten Funktionen, die ein erfolgreicher Intermediär wahrnehmen muß. Der Konsument erwartet einen Markt, aus dem er vollständig neutrale und objektive Informationen ziehen kann, während der Produzent es bevorzugt, den Verbraucher zu manipulieren, indem er subjektiv gefärbte Informationen über seine Produkte offeriert. Es liegt in der Verantwortung des Intermediärs, diese Spannungen auszugleichen. In einem konkurrenzintensiven Wettbewerb wird ein Intermediär, der dieses Gleichgewicht zwischen dem Bedürfnis des Konsumenten nach Information und dem Bedürfnis des Produzenten nach Manipulation nicht herstellen kann, seine Kunden auf beiden Marktseiten verlieren.[23]

---

22. Resnick, P./Zeckhauser, R./Avery, C., Brokers, 1995, S. 2, beschreiben drei Methoden der Intermediäre, um Risiken zu reduzieren: Zum einen die Veröffentlichung von Informationen über das Verhalten der Marktteilnehmer (Reputation), das eigenverantwortliche Auftreten als Polizist sowie das Angebot von Versicherungen gegen unseriöses Verhalten.
23. Vgl. Sarkar, M./Butler, B./Steinfield, C., Intermediaries, 1996, S. 9.

4.4. Intermediation oder Disintermediation durch IKT

IKT erleichtern grundsätzlich den Kontakt von Anbietern mit Nachfragern. Dies kann bedeuten, daß einige Intermediäre, vielleicht sogar die gesamte Stufe der Zwischenhändler in ihrer Existenz bedroht ist. Die Transaktionskostentheorie kann hier auf zwei verschiedene Weisen angewandt werden.

Die wirtschaftlichen Entwicklungen bei Einführung neuer Technologien betrachtend kann man erkennen, daß eine Reduktion der Transaktionskosten ausschlaggebend für tiefgreifende Veränderungen in den Koordinationsstrukturen war. Sinkende Kosten für den Kommunikations- und Informationsaustausch erlauben es dem Konsumenten, sich bequemer, einfacher und günstiger über Produkte und Hersteller zu informieren. Die Transaktionskosten als Hinderungsgrund für direkte Kontakte auf konventioneller Ebene sind auf elektronischen Märkten geringer, sowohl Produzenten als auch Konsumenten versuchen direkt miteinander zu kommunizieren. Es kann zu einer Disintermediation, also einer Umgehung von Intermediären kommen. (um das Modell aus Kapitel 2 zu zitieren: a+b ist kleiner als c).[24]

Andererseits fördern die neuen Technologien das Wachstum von Märkten. Die Zahl der Marktteilnehmer erhöht sich ebenso wie die der verfügbaren Dienste und Informationen. Um diesem wachsenden Ausmaß an Transaktionspartnern und Informationen gerecht zu werden, erhöhen sich wiederum die Informations- und Kommunikationskosten. Die Zeit einzelner Wirtschaftssubjekte wird zu kostbar sein, um sich selbständig in einem immer mächtiger werdenden globalen Netzwerk zu orientieren. Die Lösung des Problems liegt in der Einschaltung von Intermediären, die bei der Beschaffung von Informationen und der Suche nach Transaktionspartnern unterstützend eingreifen können (a+b ist größer als c).[25]

Welcher der Schritte im Endeffekt bestimmt, ob sich die Transaktionskosten im Verlauf der technologischen Entwicklung senken oder erhöhen, muß anhand komparativer Vergleiche und empirischen Arbeiten erforscht werden, was den Rahmen dieser Arbeit sprengen würde.

---

24. Vgl. Kapitel 2.3.1., S. 21ff.
25. Vgl. o.V., Facts, 1996, S. 82.

4.4.1. Vertikale Disintegration durch IKT

Die Reduktion von Transaktionskosten kann auf der Markt-Hierarchie-Ebene zu einer Disintegration führen. Diese Entwicklung steht mit der oben beschriebenen Einschaltung von Intermediären in die Anbieter-Nachfrager-Beziehung nicht in Verbindung. Disintegration meint die Ausgliederung bisher in einer Unternehmung wahrgenommener Funktionen auf den offenen Markt. Es läßt sich eine Entwicklung beobachten, die mehr zu flexiblen netzwerkartigen Organisationseinheiten führt, was auch zunehmend Verhandlungspotentiale auslöst. Die über alle Branchen erkennbare Disintegration wird durch informationstechnische Infrastrukturen verstärkt, d.h. es wird kostengünstiger und unkomplizierter, über den Markt und somit auch über Intermediäre Leistungen auszutauschen. Dies kann zu einem erhöhten Bedarf an Intermediären führen, vorausgesetzt das Out-sourcing findet auf der Basis freien Wettbewerbs statt. Bleiben hierarchische Strukturen weiterhin bestehen, existiert keine zusätzliche Nachfrage nach Intermediären.

4.4.2. Die These der Bedrohung von Intermediären[26]

Mit der These der Bedrohung von Intermediären wird behauptet, daß durch die Etablierung der NII (National Information Infrastructure) die Stufe der klassischen Zwischenhändler verschwindet und Transaktionen entweder direkt zwischen Anbieter und Nachfrager abgewickelt werden oder über eine dritte Partei, die zwar die elektronische Infrastruktur zur Verfügung stellt, aber nicht als vermittelnde Institution auftritt.[27] Der Argumentation, Intermediäre würden signifikante Mehrkosten in der Wertschöpfungskette verursachen, und durch eine Umgehung dieser Intermediäre könnte der Endpreis eines Produktes enorm gesenkt werden, muß mit Nachdruck widersprochen werden. Das angeführte Beispiel für diese These bezieht sich auf den Hemdenmarkt in Japan, der traditionsspezifisch strukturiert ist und sich in einer Phase befindet, in der eine oder mehrere Stufen von Intermediären umgangen werden und so der Preis für Konsumenten drastisch gesenkt wird.[28]

---

26. Vgl. Wigand, R., Commerce, 1995, S. 3f., der diese These stark unterstützt.
27. Diese These bezieht sich nach Wigand, R., Commerce, 1995, S. 1, auf fünf Annahmen. Obwohl der Intermediär, der die elektronische Infrastruktur zur Verfügung stellt keine direkte Koordination bzw. Vermittlung zwischen den Marktteilnehmern ausübt, erzielt er durch die bloße Bereitstellung der Technologie einen Gewinn und begründet damit seine Existenzberechtigung.
28. Vgl. Thornton, E., Retailing, 1994, S. 54.

Allerdings hat diese Situation nicht im entferntesten etwas mit dem Einsatz von IKT zu tun. Im Gegenteil, hier wird mit Hilfe der komparativen Effizienz eine speziell in Japan existierende Branchensituation untersucht, in der sich über Jahrzehnte hinweg eine Vielzahl an Zwischenhandelsstufen gebildet hat.[29] Daß sich diese Konstellation unter dem Einsatz multimedialer Telematik vereinfachen läßt, wird in der zugrundeliegenden Quelle nicht erwähnt. Hinzu kommt, daß in diesem Fall bei Umgehung von Intermediären die Transaktionskosten von Nachfragern - die nicht im Endpreis inbegriffen sind - durch erhöhte Such- und Informationskosten steigen können, was überhaupt nicht berücksichtigt wird. Ebenso wird die Rolle der Intermediäre, die zwar Kosten durch eine Zwischenhandelsspanne verursachen, aber Transaktionskosten senken, falsch beurteilt. Zum Beispiel kann ein hoher Endpreis auch durch breite Gewinnspannen oder die Kumulation von Gewinnspannen mehrerer Stufen einer Wertschöpfungskette entstehen.[30]

Hier ist festzuhalten, daß zwar der Einsatz der Telematik den Kontakt zwischen Anbieter und Nachfrager erleichtert, nicht aber, daß dies zwingend zu einer Umgehung von Intermediären führt. Eindeutig läßt sich nur feststellen, daß bestimmte transaktionskostensenkende Funktionen der Intermediäre von elektronischen Systemen übernommen werden können. Der klassische Arbitragehandel der Intermediäre im Bereich der Informationsbeschaffung und -verarbeitung, der keinen eigentlichen Mehrwert in bezug auf das vermittelte Produkt liefert, sondern nur unter Ausnutzung von Intransparenzen des Marktes funktioniert, wird in Zukunft nicht mehr als Existenzgrundlage genügen. Intermediäre, die sich nicht dieser veränderten Situation anpassen, können mittelfristig ausscheiden. Andererseits ergibt sich eine Vielzahl von Anwendungsfeldern für Intermediäre auf der virtuellen Ebene. Das Anreichern von einfachen Gütern, das sie zu höherwertigen Produkten macht, also die Entwicklung von der traditionellen Distribution zu einer „Value-added-Distribution", stellt eine Chance für Intermediäre dar.[31]

Die These, daß Intermediäre durch neue Infrastrukturen bedroht sind, ist nur eine von vier Möglichkeiten, die im Zuge der Etablierung des Information Highway betrachtet werden müssen.

---

29. In diesem Fall geben familiäre Bindungen als vertrauensbildender Faktor der Transaktionsatmosphäre den Ausschlag für die Entstehung von Intermediären.
30. Daß die Absicht, Intermediäre zu umgehen, auch negative Auswirkungen auf die Produzenten selbst haben kann, zeigen die Untersuchungen über das französische Teletel System; vgl. dazu Sarkar, M./Butler, B./Steinfield, C., Intermediaries, 1996, S. 12; ebenso Steinfield, C./Kraut, R./Plummer, A., Buyer-Seller, 1996, S. 10.
31. Vgl. Zbornik, S., Märkte, 1995, S. 123f.

4.4.3. Transaktionskostentheoretische Analyse der Beziehung Produzent-Intermediär-Konsument auf elektronischer Ebene

Anhand des folgenden Modells lassen sich die Auswirkungen moderner IKT auf die Struktur der Transaktionsbeziehungen differenziert erörtern. Von den Veränderungen der relativen Höhe der Transaktionskosten beim Sprung von der konventionellen auf die elektronische Ebene kann man verschiedene Distributionsstrukturen ableiten.[32] Die Transaktionen, die zwischen Produzenten, Konsumenten und Intermediären ablaufen, lassen sich wie in Abbildung 4-1 darstellen. Dementsprechend finden Transaktionen direkt zwischen Konsumenten und Produzenten statt, aber auch indirekt über Intermediäre. Analog dazu fallen Transaktionskosten in den einzelnen Beziehungen an. Allgemein wird angenommen, daß der Einsatz von IKT die Kosten von Transaktionen senkt. Die Transaktionskosten werden nicht gleich null sein, aber ein gewisses hypothetisches Minimum erreichen. Anhand der Annahme, die Transaktionskosten sinken auf einen Wert größer null, lassen sich folgende Zusammenhänge herleiten.

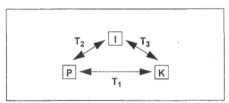

* P = Produzent
K = Konsument
I = Intermediär
T_1, T_2, T_3 = Transaktionskosten

Quelle: in Anlehnung an Sarkar/Butler/Steinfield, Intermediaries, 1996

Abb. 4-1: Transaktionsbeziehungen zwischen Anbieter, Nachfrager und Intermediären

Auf konventioneller Ebene wird eine Vielzahl von Transaktionen über Intermediäre abgewickelt, d.h. die Transaktionskosten einer direkten Verbindung sind vergleichsweise höher:

$$T_1 > T_2 + T_3$$

---

32. Vgl. Sarkar, M./Butler, B./Steinfield, C., Intermediaries, 1996, S. 4ff.

Auf elektronischer Ebene - wenn die Transaktionskosten ein Minimum T* erreichen - könnte man nachstehende Beziehung schlußfolgern:

$$T_1' = T_2' = T_3' = T*$$

$$T* = T_1'$$

$$T_2' + T_3' = 2\,T*$$

$$\Rightarrow T_1' < T_2' + T_3'$$

Dies würde die Umgehung von Intermediären bedeuten, wie es Wigand in seinen Untersuchungen beschreibt. Der kleine aber entscheidende Fehler dabei ist, daß die Transaktionskosten in den drei Beziehungen nicht unbedingt das gleiche Minimum erreichen.[33] Man kann davon ausgehen, daß die verschiedenen Transaktionsbeziehungen in unterschiedlicher Weise durch den Einsatz von IKT berührt werden. Das führt schließlich auch zu anderen Schlußfolgerungen. Wenn man annimmt, die Transaktionskosten verringern sich so, daß die Minima auf verschiedenen Niveaus liegen, läßt sich eine Ergebnismatrix mit vier verschiedenen Ausprägungen auf elektronischer Ebene erstellen (vgl. Abbildung 4-2):[34]

- Der Fall, daß auf konventioneller Ebene Direktverbindungen vorherrschen $(T_1 < T_2 + T_3)$:

Entweder unterstützen die Informationstechnologien weiterhin vorhandene Direktkontakte, mit dem Unterschied der schnelleren und bequemeren Abwicklung (Szenario 1), oder es werden Anreize geschaffen, auf elektronischer Ebene einen Intermediär in eine Leistungsbeziehung zu integrieren, die bisher direkt zwischen Produzent und Konsument abgewickelt wurde (Szenario 3).

- Der Fall, daß auf konventioneller Ebene Transaktionen über Intermediäre abgewickelt werden $(T_1 > T_2 + T_3)$:

IKT kann auf der einen Seite direkte Beziehungen zwischen Nachfragern und Anbietern erleichtern, so daß bestimmte Formen von Intermediären in ihrer Existenz bedroht sind (Szenario 2). Auf der anderen Seite kann der Einsatz moderner Kommunikationsinfrastrukturen den Verbleib der Intermediäre fördern

33. Wigand, R., Commerce, 1995, S. 3f., betrachtet das zugrundeliegende Beispiel aus Japan nur unter dem Aspekt der Einkommenserzielung der Intermediäre, transaktionskostentheoretische Gesichtspunkte werden nicht erörtert.
34. Vgl. Sarkar, M./Butler, B./Steinfield, C., Intermediaries, 1996, S. 5f.

bzw. sie in ihrer Funktion unterstützen (Szenario 4). Wie in Szenario 1 werden die bestehenden Strukturen durch IKT bestärkt, gefördert und unterstützt. Veränderungen finden dagegen in den Szenarien 2 und 3 statt. Manche Intermediäre sind bedroht, andere wiederum entstehen neu.[35]

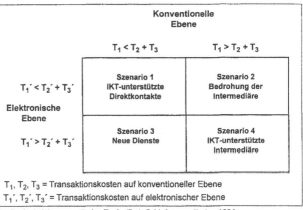

Quelle: in Anlehnung an Sarkar/Butler/Steinfield, Intermediaries, 1996

Abb. 4-2: Matrix der möglichen Distributionsstrukturen auf elektronischer Ebene

Zu Szenario 4 muß angemerkt werden, daß zwei verschiedene Abläufe zu dieser Situation führen können. Einerseits können die Funktionen, die Intermediäre erfüllen, aufgrund moderner Technologien rationeller gestaltet werden. Zusätzliche Skaleneffekte entstehen, Größenvorteile, die Intermediäre in ihrer Funktion gegenüber Produzenten und Konsumenten haben, können besser genutzt werden. IKT verringern sozusagen die Transaktionskosten der Intermediäre. Hier findet eine einfache Elektrifizierung der Zwischenhandelsfunktion statt.

Auf der anderen Seite kann auf konventioneller wie auf elektronischer Ebene eine Vertriebsstruktur mit Zwischenhändlerstufen bestehen, mit dem Unterschied, daß die Zwischenhändler nicht unbedingt die selben sind. Der Einsatz von IKT führt dazu, daß die Zwischenhändlerstufe weiter existiert, die einzelnen Funktionen aber von anderen Intermediären wahrgenommen werden. Hier findet eine Neustrukturierung statt, es können klassische Zwischenhändler durch elektronische Intermediäre ersetzt werden. In diesem Bereich sind die Chancen und Risiken für Intermediäre zu finden. Anhand der einzelnen Szenarien kann die strategische

35. Vgl. Malone, T./Yates, J./Benjamin, R., Logic, 1989, S. 168.

Grundausrichtung von Intermediären auf elektronischen Märkten identifiziert werden.

4.5. Strategische[36] Entwicklungslinien der Intermediäre auf elektronischen Märkten

Die Entwicklungslinien für Intermediäre auf elektronischer Ebene ergeben sich aus dem oben beschriebenen Modell. Die vier möglichen Szenarien werden im folgenden in drei Kategorien eingeteilt. Die Rolle der Intermediäre reicht von der einfachen „Elektrifizierung" über die völlige Neuausrichtung der Aufgaben bis zur Generierung gänzlich neuer Funktionen, die so auf konventioneller Ebene praktisch nicht möglich sind. In den drei Kategorien Elektrifizierung, Neustrukturierung und Innovative Dienste wird der Wandel beschrieben, der durch den Einsatz moderner IKT verursacht wird (vgl. Abbildung 4-3). Die Abgrenzung der einzelnen Kategorien soll als relativ flexibel angesehen werden, die Bereiche können sich überlappen oder gegenseitig bedingen. Es wird zudem eine grobe Zuordnung einiger Beispiele vorhandener Intermediäre auf elektronischer Ebene in die drei Kategorien versucht.

Kategorien	Komponenten	
Elektrifizierung	Directories, Electronic Publishing, Marktforschung etc.	
Neu-strukturierung	**Risiken** Eliminierung/ Umgehung	**Chancen** Malls, elektronisches Geld, virtuelle Einzelhändler
Innovative Dienste	Assembling, Suchdienste, Social Information Filtering, Intelligent Agents	

Quelle: in Anlehnung an Bloch/Pigneur/Segev, Road, 1996

Abb. 4-3: Einzelne Komponenten der Entwicklungslinien für Intermediäre

---

36. Strategie wird hier als konkrete Aussage darüber verstanden, wie ein Intermediär seine vorhandenen und seine potentiellen Stärken einsetzen kann, um Veränderungen der Umwelt zielgerecht zu begegnen.

4.5.1. Elektrifizierung

Elektrifizierung bedeutet im Grunde nichts anderes, als bestehende Strukturen elektronisch zu unterstützen. Der Ablauf von Transaktionen wird nicht verändert, es findet praktisch eine Umsetzung konventioneller Dienste auf elektronischer Ebene statt. Der Intermediär kann in einzelnen elektronisch unterstützten Transaktionsphasen aktiv werden, überwiegend jedoch in der Informationsphase. Elektrifizierung findet in erster Linie in den Szenarien 1 und 4 statt. Die vorhandenen Vertriebsstrukturen bleiben erhalten. Die Netzwerktechnologien werden dazu benutzt, die bisherigen Transaktionsabläufe rationeller zu gestalten, weitere Skaleneffekte und Größenvorteile zu nutzen sowie hierarchische oder marktliche Strukturen zu festigen bzw. zu unterstützen. Die Elektrifizierung direkter Beziehungen (Szenario 1) findet hauptsächlich im Bereich der Finanzdienstleistungen von Banken, Bausparkassen oder Versicherungen statt, wobei die Banken hier eine Vorreiterrolle übernehmen (bspw. die Deutsche Bank Tochtergesellschaft „Bank 24").[37] Die weiteren bisher bestehenden Direktkontakte beschränken sich auf den landwirtschaftlichen Güteraustausch, auf Factory Outlets der Produzenten oder Kosmetikvertrieb durch Vertreter (bspw. „Avon").[38] Beispielhaft werden hier einige netzwerkbasierte Intermediäre aufgeführt, die Szenario 4 repräsentieren.[39]

Verzeichnisse (Directories): Verzeichnisse bieten eine Orientierungshilfe für die einzelnen Marktteilnehmer, bei der Informationsgewinnung aus der Vielzahl der verfügbaren Informationen die den Bedürfnissen entsprechenden zu finden. Die Verzeichnisse stellen hybride Systeme dar, d.h. sie werden von menschlicher Hand aktualisiert und programmiert. Sie sind nach bestimmten Kriterien sortiert, die jeweils wieder Unterkategorien enthalten. Strukturierte Menüs erleichtern die Navigation durch die elektronischen Quellen. Im Internet sind diese Dienste momentan noch kostenlos, es ist aber vorstellbar, daß zukünftig Gebühren verlangt werden. Man unterscheidet drei Arten von Verzeichnisstrukturen:

Allgemeine Verzeichnisse (General directories) umfassen eine beträchtliche Menge an Informationen und sind nach einem generellen Index geordnet. Sie sind hierarchisch gegliedert und ermöglichen das „wandern" durch ihren Bestand an

---

37. Vgl. dazu [Bank24], aber auch [Security], [Twain]. Ein interessanter Fall ist die Firma Intuit, die als ursprünglicher Software-Anbieter inzwischen auch Online-Banking (financial services) anbietet [Intuit]. Vgl. zu Banken auf elektronischen Märkten Kapitel 3.2.1.4., S. 36f.
38. Vgl. auch Tietz, B., Direktvertrieb, 1993, S. 80ff., für weitere Beispiele zum Direktvertrieb wie etwa Vorwerkstaubsauger oder das Bertelsmann Buchclubsystem.
39. Vgl. Sarkar, M./Butler, B./Steinfield, C., Intermediaries, 1996, S. 9ff.

Quellen (sogenanntes „browsing"). Zusätzlich erlauben sie die Suche mittels eines Schlüsselwortes, das unabhängig vom strukturierten Aufbau alle vorhandenen Quellen durchsucht.[40]

Geschäftsverzeichnisse (Commercial directories) beschränken sich auf das Angebot rein kommerzieller Ressourcen. Speziell im Internet lassen sich eine Vielzahl kommerzieller Angebote registrieren, die direkt über das Netz bezogen werden können. Diese Angebote werden in Geschäftsverzeichnissen wie der All-Internet-Shopping Directory oder den Yellow Pages gesammelt.[41] Es existieren aber auch elektronische Geschäftsverzeichnisse über Anbieter, die keinen Zugang auf elektronische Medien haben.[42] Man kann diese Form der Informationsvermittlung mit den Gelben Seiten auf konventioneller Ebene vergleichen.

Spezielle Verzeichnisse (Specialized directories) sind themenorientiert. Sie stellen dem Konsumenten technische Informationen sowie allgemeine Erfahrungswerte über bestimmte Sach- oder Dienstleistungen bzw. über einzelne Produzenten zur Verfügung. Die Anbieter solcher Informationen können einzelne Personen sein, die sich auf einem gezielten Gebiet engagieren.[43]

Insgesamt stellen Verzeichnisse auf elektronischer Ebene für Konsumenten wie Produzenten eine Möglichkeit dar, wesentlich schneller, umfangreicher und gezielter Informationen zu beschaffen. Allerdings hängt die Qualität der Ergebnisse vom Umfang der Verzeichnisse ab.

Warentester (Website Evaluators): Ein Dienst, der auch auf konventioneller Ebene angeboten wird, ist die Bewertung von Produkten. Der Intermediär bietet als neutrale Instanz Qualitätsbewertungen verschiedener Sach- oder Dienstleistungen an. Im Falle des Internets können zum Beispiel die WWW-Seiten, auf denen Anbieter ihre Informationen oder Produkte darstellen und offerieren, beurteilt werden. Diese Einschätzung beruht entweder auf der Zugriffshäufigkeit oder auf exklusiven Prüfungen der Bewerter. Die Warentester veröffentlichen auf elektronischen Märkten ihre Produktbewertungen und können somit Konsumenten an Produzenten vermitteln, gleichzeitig aber auch deren Risiko reduzieren. Finanzielle Unterstützung kann entweder der bewertete Produzent leisten oder über Gebühren der Konsument.[44] Teilweise bieten die oben beschriebenen Verzeichnisse bereits

---

40. Vgl. [Yahoo], [Web].
41. Vgl. [Shopping], [Yellow].
42. Vgl. [Embroidery].
43. Vgl. [Frohwein], [Ho].
44. Vgl. [Point], [GNN].

Bewertungen der gespeicherten Quellen an und gehen damit über eine einfache Elektrifizierung konventioneller Prozesse hinaus.[45]

Electronic Publishing ist im Prinzip das Veröffentlichen einer elektronischen Zeitung oder eines elektronischen Magazines.[46] Diese Online-Zeitungen versuchen möglichst viele Konsumenten mit ihren Inhalten anzulocken (als sogenannter traffic generator) und spielen damit in der Anbahnungsphase einer Transaktion eine bedeutende Rolle.[47] In vielen Fällen sind es Verleger aus traditionellen Märkten, die auf elektronischen Märkten als „content provider" auftreten (bspw. Wired Magazine => Hotwired).[48] Der Herausgeber wird jedoch erst zu einem Intermediär, wenn er in seinen Publikationen Hinweise („Links") auf andere Produzenten, entweder durch Werbung oder inhaltsbezogene Produkte, anbietet.[49] Durch strategisch günstiges Plazieren solcher Werbebotschaften ist eine neue Form der Finanzierung entdeckt worden. Der Publisher kann auch über eine Provision für vermittelte Konsumenten am Gewinn des Anbieters beteiligt sein.[50]

Mediaanalysten und Marktforscher zählen nicht direkt zu Intermediären, aber auch auf elektronischen Märkten wird ihre unterstützende Funktion in Anspruch genommen. Sie werden hier erwähnt, um zu zeigen, daß auf elektronischer Ebene viele Dienste angeboten werden, die in konventionellen Märkten ihre Ursprünge haben. Hier findet eine einfache Elektrifizierung der Prozesse statt, unter Ausnutzung der informationstechnischen Vorteile. Um Werbung effektiv zu plazieren, werden Information über die Kontakthäufigkeit bestimmter werbetragender WWW-Seiten ebenso wie über die Eigenschaften der potentiellen Konsumenten benötigt. Nielsen, ein Unternehmen, das auf konventioneller Ebene in der Mediaanalyse marktführend ist, gilt als bestes Beispiel für die Etablierung von Werbeträgeranalysesystemen auf elektronischen Märkten.[51]

Foren, Fan Clubs, Chat-lines, User Groups: Auch diese Einrichtungen zählen nicht direkt zu den Intermediären, spielen aber eine wichtige Rolle in der Beziehung zwischen Konsumenten und Produzenten. Produzenten erhalten ein Feed-

---

45. Die Bewertung von gefundenen Informationen spielt eine größere Rolle bei den später zu beschreibenden Suchdiensten; vgl. Kapitel 4.5.3.1., S. 82f.
46. Die elektronische Zeitung selbst ist ein Produkt, das auf elektronischen Märkten über alle Transaktionsphasen gehandelt werden kann.
47. Vgl. [Cybermad], [enews].
48. Vgl. [Hotwired], aber auch [Time].
49. In diesem Bereich entstehen auch spezielle Empfehlungs- und Hinweisdienste (referral services), die mit Hilfe von „information filtering" dem Nutzer erheblichen Mehrwert generieren.
50. Vgl. [Cast], [GNN].
51. Vgl. [Nielsen], ebenso [Audit].

back über ihre Produkte und können gleichzeitig eine gewisse Art der Marktforschung betreiben. Häufig werden auch spezielle Diskussionsgruppen für bestimmte Produkte gebildet, die dann Anbieter mit Konsumenten verbinden (Beispiel sind die Nutzerforen in den kommerziellen Online-Diensten). Aber auch Endnutzer errichten untereinander Diskussionsgruppen (Newsgroups im Internet), um ihre Erfahrungen auszutauschen.

4.5.2. Neustrukturierung

Neustrukturierung fordert von Intermediären den Einsatz von mehr Kreativität, Arbeit, eine erhöhte Risikobereitschaft und schnellere Anpassungsfähigkeit. Die Anforderung neuer wirtschaftlicher Bedingungen auf elektronischen Märkten verursachen eine Veränderung ihrer Aufgaben und möglicherweise ihrer Stellung in der industriellen Wertschöpfungskette. Wie oben beschrieben kann infolge der Etablierung moderner Informationsinfrastrukturen die Existenz der Intermediäre in Frage gestellt sein, also die Umgehung von Intermediären gefördert werden. Andererseits ergeben sich aber auch eine Vielzahl von Chancen auf elektronischer Ebene, die den Intermediär in seiner Existenzberechtigung bestärken.

4.5.2.1. Existentielle Risiken für Intermediäre

Risiken für den Intermediär bestehen in dem Sinn, daß er durch elektronische Systeme oder den Direktkontakt zwischen Konsument und Produzent eliminiert wird. Vor allem Szenario 2 steht für die Bedrohung der Stufe der Intermediäre. Produkte, die informationstechnisch leicht abzubilden sind und keine weitere Unterstützung wie Beratung oder Betreuung benötigen - primär aus dem Audio- und Videobereich, aus der Softwareindustrie sowie digitalisierte Informationen - können ohne Einbeziehung von Intermediären in Zukunft über Netzwerke transferiert werden.[52] Letztendlich entscheidet der Konsument, über welchen Weg er Produkte bezieht. Zwei Dinge sind hier zu beachten. Über ein elektronisches Medium können nur Produkte bezogen werden, die sich digitalisieren lassen. Findet die Übermittlung des Produktes auf physischem Weg statt, werden mit großer Wahrscheinlichkeit Intermediäre die Transportfunktion übernehmen. Der zweite Aspekt

---

52. Auch im Bereich der Reise- und Ticketbuchungen kann die Abwicklungsphase elektronisch erfolgen, wenn es möglich ist, auf einem persönlichen Drucker die Tickets bzw. Reiseunterlagen auszudrucken.

ist der Bekanntheitsgrad eines Anbieters. Ist dieser relativ hoch, ist für den Anbieter ein Vertriebssystem digitalisierbarer Produkte überflüssig. Konsumenten werden direkt ihre Bedürfnisse decken, ohne Einschaltung von Zwischenhandelsstufen. In der Unterhaltungsindustrie oder der Musikbranche stecken erhebliche Potentiale in dieser Hinsicht, da die Namen der Produzenten relativ bekannt sind (Disney, Sony, Virgin). In der aktuellen Stufe der Entwicklung elektronischer Märkte sind einige Möglichkeiten für Direktkontakte zu verzeichnen. Sowohl in der Informations- und Vereinbarungsphase (Direktbuchung von Hotelzimmern, Flügen) als auch in allen Markttransaktionsphasen im Bereich der Softwareprodukte (Bezug von Applikationen, Programmen).[53]

4.5.2.2. Potentielle Chancen für Intermediäre

Die Szenarien 3 und 4 beschreiben die Chancen, die sich Intermediären auf elektronischen Märkten bieten können. Szenario 3 zeigt die Einschaltung von Intermediären in Strukturen, die auf herkömmlicher Ebene eine direkte Transaktionsabwicklung aufweisen. Durch IKT können neue Dienste generiert werden, die zuvor nicht möglich waren. Diese Situation wird im Kapitel über innovative Dienste eingehend behandelt.[54] Unter dem Schwerpunkt Chancen sollen Intermediäre dargestellt werden, die aufgrund des erweiterten Datenraums der elektronischen Märkte einen rasch wachsenden Wirtschaftssektor vorfinden, der die bisherigen Wirtschaftsstrukturen und die damit verbundenen Dienstleistungen weltweit umgestaltet. In Szenario 4 sammeln sich zum einen die elektrifizierten Intermediäre sowie solche, die neu in den elektronischen Markt drängen. Entscheidend wird für Intermediäre auf elektronischen Märkten sein, daß sie weiterhin als neutrale dritte Partei auftreten und sich auf Dienste konzentrieren, die dem Konsumenten sowie dem Produzenten einen Mehrwert garantieren.

Electronic Malls: Im Unterschied zu kommerziellen Verzeichnissen, die häufig auch als „Virtual Mall" bezeichnet werden, weil sie zwei oder mehr Hinweise auf kommerzielle Anbieter aufweisen, sind Electronic Malls Intermediäre, die eine elektronische Infrastruktur für Anbieter und Händler zur Verfügung stellen und im Gegenzug eine Gebühr in Form von Mieten erhalten. Die Unterstützung der Transaktion reicht über die Vereinbarungsphase, im Sinne der Anbahnung von Aus-

---

53. Konkrete Praxisbeispiele sind [Alamo], [Lufthansa] ab 1. November 1996 sowie [Netscape], [Microsoft], [Oracle], [Sun] oder [IBM] im Softwarebereich.
54. Vgl. Kapitel 4.5.3., S. 80-85.

tauschbeziehungen, teilweise bis zur Abwicklungsphase, wenn die Steuerung der Übermittlung organisiert wird. Die Preise für die gehandelten Sach- und Dienstleistungen sind fixiert. Schmid bezeichnet Electronic Malls als virtuelle Einkaufs- bzw. Dienstleistungszentren, die wie traditionelle Kaufhäuser aufgebaut sind.[55] Sie können nach bestimmten Themengebieten konzipiert sein, etwa nach der Herkunft der angebotenen Produkte (Alaskan Mall) oder einem geographischen Blickwinkel (EMB[56]), aber auch allgemeine Einkaufszentren darstellen, die aus einer Vielfalt unterschiedlicher Läden mit einer breiten Auswahl an Produkten bestehen (Cybersuperstores).[57] Die Zielgruppe dieser Electronic Malls sind Privathaushalte und kleinere Firmenkunden, die vorwiegend über das Internet, Online-Dienste oder auch interaktives Fernsehen Zugriff auf das Angebot haben. Obwohl die Sach- und Dienstleistungen weltweit sichtbar sind, kommen die Kunden in erster Linie aus der jeweiligen Region. Entsprechend stellen die virtuellen Kaufhäuser einen elektronischen Markt für den lokalen Einzelhandel dar und sind prinzipiell offen für alle potentiellen Teilnehmer, vorausgesetzt sie verfügen über einen Zugang zu den Telekommunikationsnetzen.[58] Der grundlegende Unterschied zwischen einer Mall und einem Verzeichnis ist, daß die Malls ihren Gewinn durch die „Pächter" erwirtschaften, während die Verzeichnisse über Werbung oder zukünftig über Gebühren ihr Einkommen bestreiten.

Neben den Malls entstehen in letzter Zeit zunehmend Internet-Kaufhäuser als zusätzliches Absatzmedium der konventionellen Versandhäuser. Diese haben im Vergleich zur Einzelhandelskonkurrenz einen logistischen Vorteil. Nachdem die Bestellung online aufgegeben ist, sorgt ein ausgeprägtes Liefersystem für die reibungslose Umsetzung der Abwicklungsphase.[59]

Virtuelle Einzelhändler: Der Unterschied zu den oben beschriebenen Malls liegt darin, daß die virtuellen Einzelhändler nicht nur die Transaktionspartnern in Kontakt miteinander bringen, sondern Produkte von einem Hersteller erwerben und direkt an den Konsumenten weiterverkaufen. Die virtuellen Einzelhändler realisieren eine der Kernfunktionen von Intermediären - den Kauf und Verkauf von Produkten - auf elektronischen Märkten und können damit klassische Intermediäre

---

55. Vgl. Schmid, B., Mall, 1995, S. 26f.
56. Zu Ausführungen über die Electronic Mall Bodensee (EMB) vgl. Herget, J./Kuhlen, R., Märkte, 1995, S. 335ff.
57. Siehe [EMB], [Alaskan], [Pinnacle] oder [Cyber].
58. Vgl. [Intershop], [netzmarkt].
59. Zu Internet-Kaufhaus vgl. auch [Karstadt] ab 28. Oktober 1996, [Barclaysquare], [Quelle], [Otto].

verdrängen.[60] Eine Stufe weiter gehen die sogenannten Artikelmakler. Sie nehmen Bestellungen auf und reichen sie direkt an den Hersteller weiter. Ein weltweit agierender Lieferservice übernimmt die Abwicklung der Transaktion. Sehr weit fortgeschritten ist diese Entwicklung im Bereich des Handels mit Compact Discs.[61] Diese Form der Zwischenhändler zeigt, daß durch IKT der Preis eines Produktes für Nachfrager gesenkt werden kann, allerdings nicht durch direkte Transaktionen, sondern über effizient arbeitende Intermediäre.

Finanzintermediäre: In jeder Form des elektronischen Handels müssen Funktionen des sicheren elektronischen Zahlungsverkehrs erfüllt werden. Das kann die Zahlung an sich, aber auch die Vollmacht über eine Zahlung beinhalten. Diese Zahlungssysteme können verschiedene Ausprägungen annehmen wie elektronische Kreditvollmachten durch Kreditkartenunternehmen (Visa, Mastercard), elektronische Stellvertreter, die Zahlungsanweisungen ausschreiben (Checkfree), Barzahlung (Digicash) sowie Zahlungsgenehmigung per Email (First Virtual).[62] Auch auf elektronischen Märkten werden die pekuniären Sekundärtransaktionen in erster Linie von Finanzintermediären übernommen. Gegen Gebühren tragen sie gewisse Risiken, die im elektronischen Zahlungsverkehr auftreten können.[63] Eine wichtige Rolle können Vermittler auch als Zertifizierungsinstanz (sogenannte „Trusted-Third-Party") bei der Sicherheit von Übertragungsprotokollen einnehmen. Sie können die Echtheit von öffentlichen Schlüsseln garantieren, die im Rahmen des asymmetrischen public-key (RSA)-Verfahren zur Sicherung der Kommunikation benutzt werden.

Virtuelle Reisebüros entstehen in Konkurrenz zu den Anbietern von Basisprodukten auf elektronischen Märkten. Sie werden in erster Linie von konventionellen Reisevermittlern initiiert, die auf dem schon weitgehend elektronisch integrierten Tourismussektor Marktanteile verlieren. Die virtuellen Reisebüros bieten direkten Zugang zu Datenbanken, aber auch gebündelte Pauschalangebote, anwenderfreundliche Software, Online-Hilfen sowie Spezialrabatte für Internetbuchungen. Die Vorteile für den Nutzer sind Komfort und Eigenständigkeit. Die Online-Reise-

---

60. Vgl. dazu [Club], [Internet]; vgl. auch zu speziellen Händlern [Vineyard], [Auto], [Flohmarkt], [Tee].
61. Vgl. dazu virtuelle CD-Händler wie [CDnow].
62. Vgl. Mahler, A./Göbel, G., Banken, 1996, S. 28ff; vgl. auch Borenstein, N. et al., Cybercommerce, 1996, S. 36ff, über Erfahrungen mit dem elektronischen Zahlungsverkehr bei First Virtual. Zu Kreditkartenunternehmen im Internet siehe [Mastercard], [Visa]; vgl. ebenso [Checkfree], [Digicash], [Virtual].
63. Sicherer Zahlungsverkehr ist ein aktuelles Thema, das wesentlich zur weiteren Entwicklung elektronischer Märkte beitragen kann; vgl. dazu Telematik Projekt [SEMPER]; vgl. auch Panurach, P., Money, 1996, S. 45ff.

büros sind durchgehend geöffnet, der interessierte Reisende kann ohne Zwänge und zeitlich unbegrenzt die Angebote begutachten.[64] Eine weitere Funktion der virtuellen Reiseagenturen ist die Fokussierung von Angeboten verschiedener Anbieter auf einem zentralen elektronischen Marktplatz („One-stop-shopping").[65]

Spot Market Makers, Barter Networks: Der Intermediär kann auch als „Market Maker" oder als zentrale Instanz (Auktionator) auf Auktionen auftreten. Der Begriff des Market Maker kommt aus dem Bereich der Finanzmärkte, auf denen der Handelsmittler an jeder Transaktion beteiligt ist. Er übernimmt die Rolle eines potentiellen Handelspartners und verpflichtet sich, jederzeit einen verbindlichen Preis anzugeben, zu dem die betreffenden Leistungen gehandelt werden.[66] Anders sind elektronische Auktionen organisiert, auf denen Angebot und Nachfrage zentral abgestimmt werden. Die Preise stehen nicht wie in einer Electronic Mall fest, sondern bilden sich durch Abstimmung heraus, die der Intermediär koordiniert. Der durch elektronische Netzwerke entstandene globale Datenraum ermöglicht zudem auktionsähnliche Marktformen wie Barter Networks, auf denen Sach- und Dienstleistungen natural getauscht werden, d.h. ohne Zahlungsverkehr, sowie Rohstoff- und Flohmärkte, die mit gebrauchten Gütern handeln.[67]

4.5.3. Ausgewählte innovative Dienste

Innovative Dienste und Funktionen, die aufgrund fehlender technischer Infrastrukturen, zu hoher Koordinationskosten oder zu geringer Informationsverarbeitungskapazitäten auf konventioneller Ebene nicht möglich waren, können inzwischen auf elektronischer Ebene angeboten werden. Szenario 3 zeigt solche Entwicklungsrichtungen, jedoch sollte diese Situation etwas relativiert werden. Da auf konventioneller Ebene verhältnismäßig wenig Direktverbindungen auf dem Markt vorherrschen, gibt es kaum Gelegenheiten, diese Transaktionsbeziehungen auf elektronischer Ebene mit neuen Intermediären zu realisieren.[68] Vielmehr sollen

64. Vgl. Miller, D./Clemons, E./Row, M., Corporation, 1993, S. 283ff., zu Ausführungen über die Reiseagentur Rosenbluth, die als eine der ersten Agenturen Informations- und Kommunikationstechnologien zur globalen Expansion genutzt haben; weitere Beispiele für elektronische Reisebüros sind [Travelocity], [PCTravel], [Flifo].
65. One-stop-shopping ist im Prinzip der Sortimentsfunktion des Handels zuzurechnen.
66. Die Bezeichnung Market Maker wird hier in ihrer ursprünglichen Bedeutung benutzt; vgl. Hirth, H., Market, 1995, S. 421ff., zur Erklärung des Market Makers auf Finanzmärkten; anders dagegen Benjamin, R./Wigand, R., Markets, 1995, S. 66, die den Begriff im Sinne eines passiven Internet Providers benutzen.
67. Vgl. dazu [Barter], [Trader].
68. Hier wird immer vom Absatzmarkt ausgegangen; auf dem Beschaffungsmarkt bestehen direkte Verbindungen, die allerdings in elektronischen Hierarchien verwirklicht werden.

hier Dienste beschrieben werden, die ein elektronischer Intermediär bereitstellen kann, um die Bedürfnisse der einzelnen Wirtschaftssubjekte besser befriedigen zu können als die bisher angebotenen Problemlösungen. Mit diesen Innovationen sind vor allem Intelligent Agents, Electronic Broker, Information Filter gemeint, die ausschließlich mit Informationen handeln. Man kann sie auch als Informationsintermediäre bezeichnen. Sie können an jeder Phase der Markttransaktion beteiligt sein - ob zur Informationsgewinnung, Beschaffungsunterstützung, Kontaktaufnahme in der Informationsphase oder zur Distribution und Finanzierung in Vereinbarungs- und Abwicklungsphase - und dadurch auch eine Reihe von Dienstleistungen anbieten, die die räumliche Umgruppierung (z.B. Datentransport über Kommunikationsnetze), die zeitliche Umgruppierung (z.B. Datenspeicherung) und die qualitative Umgruppierung (z.B. Kompression) von Daten umfassen.[69] Darüber hinaus können Informationsintermediäre weitere Transaktionen auslösen, die - wie z.B. Kaufentscheidungen über Lebensmittel - auf konventionellem Weg abgewickelt werden.

Moderne IKT forcieren allerdings nicht nur Innovationen im Bereich rein maschineller Intermediationssysteme. Die Etablierung elektronischer Märkte bietet besonders für die hybriden Formen der Intermediäre einen neuen Handlungsspielraum. Die neuen Technologien liefern die Grundlage für eine wesentlich leistungsfähigere Vermittlung, die zusammen mit dem Einsatz menschlichen Verstands eine Flexibilisierung der Informations- und Kommunikationsarbeit ermöglicht. Die Funktion des Assembling, d.h. die Bildung neuer Produktbündel und neuartiger Produktetypen, ist auf konventioneller Ebene in diesem Ausmaß nicht möglich. Elektronische Märkte erlauben es den Intermediären, Endkunden maßgeschneiderte Gesamtlösungen im Rahmen eines umfassenden Verbundangebots zu offerieren. Diese sogenannten individuellen Massenprodukte verlangen die Zusammenarbeit über Branchengrenzen hinweg. Solch ein Prozeß ist nur durch die Integration ortsloser Informationsobjekte und einer Flexibilisierung des gesamten Wertschöpfungsprozesses möglich. „Für den Kunden wird dadurch erheblicher Mehrnutzen generiert."[70]

---

69. Vgl. Picot, A./Reichwald, R./Wigand, R., Unternehmung, 1996, S. 320.
70. Schmid, B., Märkte, 1995, S. 229.

4.5.3.1. Suchdienste

Einer der neuen Dienste, die durch moderne Informations- und Kommunikations-technologien bereitgestellt werden können, ist die Suche nach Informationen durch sogenannte Suchmaschinen (Search Engines). Das Internet, in dem diese Suchma-schinen agieren, bietet auf der einen Seite eine Fülle an Informationsressourcen, andererseits wird die qualitative und effektive Suche durch die Masse an Informa-tionen zunehmend schwieriger, was folglich auch die Informationsbeschaffungs-kosten der Nachfrager erhöht. Eine Funktion, die Intermediäre im Internet erfüllen können, ist die Vermeidung dieses „Information overload", wenn man nicht mitt-lerweile sogar von „Information overkill" sprechen muß. In Form von Suchma-schinen werden die Probleme bei der Informationssuche verringert. Die dynamische Struktur des Internets sowie der Informationen im Internet und die heterogene Zusammensetzung der Informationen (verschiedene Formate der Infor-mationen und Informationsdienste) machen die individuelle Suche zunehmend zeit- und damit auch kostenintensiv.[71]

Im Gegensatz zu den o.a. Verzeichnissen bieten die Suchmaschinen dem Konsu-menten die Möglichkeit, durch Suchalgorithmen riesige Datenbänke zu durchfor-schen. Allerdings erlauben die Suchsysteme kein „browsing" ihrer Datenbänke, dem Nutzer wird im Regelfall das Sortiersystem nicht offengelegt. Um die Voll-ständigkeit eines Suchsystems zu garantieren, wird den einzelnen Individuen erlaubt, eigene Einträge in die Datenbanken vorzunehmen.[72]

Die Suchmaschinen weisen einige Nachteile bei der Suche nach qualitativ hoch-wertigen Informationen auf. Der Benutzer muß ziemlich genau die gewünschten Informationen angeben, ansonsten erhält er eine Menge nutzloser Fehlofferten. Die eingegebenen Schlüsselwörter können zumeist nicht in ihrem logischen Zusam-menhang gesucht werden. Häufig ist die Suche begrenzt auf bestimmte Seiten (auf der Ebene des WWW), trotzdem werden so viele Quellen wie möglich exploriert, was in manchen Fällen sehr zeitaufwendig ist. Zudem kann es passieren, daß die Suchmaschinen zeitweilig nicht erreichbar sind, aufgrund hohen Datenverkehrs oder veränderungsbedingter Unterbrechungen („under construction"). Schließlich kommt noch hinzu, daß Suchmaschinen nicht schnell genug der dynamischen Umwelt des Internets angepaßt werden, d.h. sporadisch sind identifizierte Informa-

---

71. Vgl. Hermans, B., Agents, 1996, S. 4-10.
72. Vgl. Sarkar, M./Butler, B./Steinfield, C., Intermediaries, 1996, S. 9f.; zu Suchmaschinen im Internet vgl. [Infoseek], [Lycos] sowie speziell für den Buchmarkt [Telebuch].

tionen nicht mehr an der erwähnten Stelle vorhanden. In letzter Zeit sind einige Suchmaschinen entstanden, die solche Probleme verringern können.[73]

4.5.3.2. Social Information Filtering

Dieser Abschnitt beschreibt eine Technik, mit der individuell zugeschnittene Informationen aus einer beliebigen Anzahl von Ressourcen generiert werden, basierend auf Ähnlichkeiten zwischen dem Anforderungsprofil des Nutzers und denen anderer Teilnehmer. Der Unterschied dieses Filtersystems zu Suchdiensten ist, daß letztere verfügbare Quellen nach Informationen durchsuchen und die relevanten Daten herausziehen. Filterdienste extrahieren dagegen Informationen aus einem eingehenden Datenstrom. Dem Nutzer wird präsentiert, was der Filter aussortiert hat.[74]

Das Social Information Filtering verbindet Filtersysteme mit einer persönlichen wertorientierten Komponente. Informationen werden nicht nur nach objektiven Kriterien gefiltert, sondern auf der Grundlage statistischer Korrelationen mit Präferenzen von Nutzern, die ähnliche subjektive Wertvorstellungen aufzeigen, sortiert. Der Vorteil gegenüber inhaltsbasierten Filterdiensten (content-based filtering) liegt darin, daß auch Informationen gefunden werden, deren Bedarf der Nutzer nicht konkret artikuliert hat, die aber trotzdem seinen Bedürfnissen entsprechen.[75]

Um die Funktion des System zu optimieren, müssen die jeweiligen Nutzer Informationen bewerten. Aus diesen Bewertungen kann ein Profil kreiert werden, das als Vergleichskriterium für andere Teilnehmer dient und präziser wird, je häufiger der Nutzer Beurteilungen vornimmt. Die Bewertungen können durch „Rating servers", sogenannte Better Bit Bureaus (BBB), auch insgesamt ausgewertet und veröffentlicht werden (reputation tracking). BBB sind in diesem Fall Vermittler, die Einstufungen (ratings) über Produkte sammeln und anderen Nutzern zur Verfügung stellen. Die Effizienz der Resultate beruht auf der Voraussetzung, daß die Teilnehmer im Zeitablauf ihre Einstellungen und Meinungen nicht ändern. Nutzer können dabei ihre Anonymität bewahren, indem sie unter Pseudonymen ihre Einschätzungen abgeben, ohne die Effektivität des Systems zu beeinträchtigen.[76]

---

73. Vgl. dazu [Metacrawler], [Altavista].
74. Vgl. Kalakota, R./Whinston, A., Frontiers, 1996, S. 543ff.
75. Vgl. Shardanand, U./Maes, P., Algorithms, 1995, S. 1f.
76. Vgl. Resnick, P. et al., GroupLens, 1994, S. 2f.; vgl. auch [BBB].

4.5.3.3. Intelligent Agents

Die Nachteile der Suchmaschinen, die noch stärker hervortreten werden, wenn die Informationsquelle Internet zunehmend komplexer wird, sollen von einer relativ neuen Entwicklung kompensiert werden, den Intelligent Agents. Statt der Quantität der Suchergebnisse soll die Qualität der Information in den Vordergrund treten. Ein Agent ist ein Software Programm, das den Benutzer bei der Bewältigung bestimmter Aufgaben und Aktivitäten unterstützen soll. Auch diese Form der elektronischen Intermediäre basiert auf der Grundlage technologischer Infrastrukturen.[77] Pattie Maes unterscheidet drei Ansätze zur Entwicklung von Intelligent Agents. Die erste Art wird über sogenannte „prescribed rules" (vorgeschriebene Regeln) gesteuert, der zweite Ansatz beschäftigt sich mit „knowledge-based agents" (wissensbasierte Agenten) und eine aktuelle Entwicklungsrichtung untersucht unter dem Schlagwort „artificial life" (künstliches Leben) Agenten, die mit Hilfe „collaborative filtering" ihren Dienst verrichten.[78]

Prescribed Rules

Die Steuerung der Agenten erfolgt durch bestimmte Regeln, die der Benutzer vorher festgelegt hat. Der Agent kann so bspw. Email nach Inhalt, Absender oder Titel sortieren. Der Wert eines solchen Agenten hängt nahezu vollständig von den Fähigkeiten des Benutzers ab, ihn sinnvoll zu programmieren. In diesem Fall kann man kaum von „intelligenten" Agenten sprechen.[79]

Knowledge-based Agents

In diesem Ansatz wird ein Agent mit enormen Mengen von Hintergrundwissen über sein Anwendungsgebiet bzw. über seinen Anwender gefüttert. Dieser aus dem Forschungsgebiet der Artificial Intelligence entwickelte Agent benutzt sein Wissen, um den Nutzer auf Fehler aufmerksam zu machen und auch Lösungsvor-

---

77. Zur Technik der Intelligent Agents vgl. O'Day, V./Jeffries, R., Artisans, 1993, S. 98ff.; ebenso O'Day, V./Jeffries, R., Seekers, 1993, S. 438ff.
78. Vgl. Maes, P., Agents, 1994, S. 31ff.; ebenso Maes, P., Software, 1995, S. 2; vgl. aber auch o.V., Agents, 1996, S. 94f.
79. Vgl. Krulwich, B., Agent, 1995, S. 1ff., über einen der bekanntesten Agenten auf diesem Gebiet, dem BargainFinder [Bargain]. Dieser Agent wurde von Anderson Consulting entwickelt, um auf dem elektronischen CD-Markt (die Produkte sind weltweit relativ homogen) Preisvergleiche anzustellen und dem Nachfrager auf diese Weise das billigste Angebot zu offerieren. In letzter Zeit wurde die Effizienz dieses Agenten eingeschränkt, da nicht mehr alle Anbieter den Zugang auf ihre Datenbanken gewährten.

schläge zu unterbreiten. Er kann durch Techniken wie „pattern matching" und „induktives Lernen" auf verschiedene Situationen reagieren, bleibt aber relativ beschränkt, da sich sein Wissen nicht dynamisch verändert. In bestimmten Situationen kann er keine angemessenen Entscheidungen treffen, da er sich das erforderliche idiosynkratische Wissen seines Benutzers nicht selbständig aneignen kann. Zusätzlich wird ein Nutzer nie vollständiges Vertrauen in den Agent gewinnen, da er von Beginn an nicht weiß, wieviel Wissen der Agent besitzt.[80]

Collaborative Filtering

Die Steuerung der Intelligent Agents mittels „Collaborative Filtering" ist ein vielversprechende Form des Social Information Filtering, da die Agenten lernfähig sind.[81] Der Agent bezieht sein Wissen aus verschiedenen Quellen. Er kann von den Interessen, Gewohnheiten und Präferenzen seines Benutzers aus der Vergangenheit ebenso wie vom Verhalten anderer Agents in ähnlichen Situationen lernen. Diese Agenten agieren als persönliche Assistenten und können dem Benutzer verschiedene Arbeiten abnehmen. Sie werden anfangs mit einem Minimum an Hintergrundinformationen versorgt, um ein grobes Portrait des Nutzers zu entwickeln. Das System ist dynamisch und ändert sich ständig. Die Agenten adaptieren Schritt für Schritt die Verhaltensweisen des Nutzers, eignen sich somit relevante Kompetenzen an und bilden gleichzeitig ein Vertrauensverhältnis zwischen sich und dem menschlichen Nutzer. Je häufiger der Intelligent Agent benutzt wird, desto präziser ist die Unterstützung durch ihn infolge des Lernprozesses. Dieser Ansatz kann letztendlich in ein vollständiges elektronisches Ökosystem münden, das sich selbständig weiterentwickelt, in dem bestimmte Agents überleben und sich fortpflanzen, während andere ihre Bedeutung verlieren und eliminiert werden können.[82]

---

80. Vgl. [ShopBot], [InfoFinder].
81. Vgl. Resnick, P. et al., GroupLens, 1994, S. 1ff.
82. Vgl. [Firefly]; vgl. Maes, P., Software, 1995, S. 1ff.

5.   Schlußfolgerungen

5.1.   Fazit

Wenn man von einer vollständigen Bedrohung der Intermediäre durch moderne Informations- und Kommunikationstechnologien spricht, setzt man voraus, daß sämtliche Geschäftstransaktionen in Zukunft auf elektronischer Ebene abgewickelt werden und es hier ausschließlich zu Direktkontakten zwischen Anbieter und Nachfrager kommt. Diese Situation entspricht weder der Realität noch ist sie in absehbarer Zeit denkbar. Viele Anbieter werden in den nächsten Jahren auf elektronischer Ebene präsent sein und versuchen, direkt mit dem Konsumenten in Kontakt zu treten. Dies dient vor allem dazu, vorhandene konventionelle Distributionsstrukturen zu ergänzen. Zudem darf die Macht der Intermediäre nicht unterschätzt werden, die aufgrund ihrer direkten Beziehung zu den Endnutzern erheblichen Einfluß auf die Kaufentscheidung haben. Auch auf elektronischen Märkten kann es so zu Spannungen zwischen Intermediären und Anbietern kommen.[1]

Ein wichtiger Faktor ist darüber hinaus die Gewinnerzielungsmöglichkeit auf elektronischer Ebene. Gegenwärtig werden Sach- und Dienstleistungen wie Internet Software oder Produktbewertungen zum großen Teil noch unentgeltlich angeboten, die Geschäftsentwicklung steckt noch in der Anfangsphase. Ein langfristiges Engagement in dieses neue Medium ist erst zu erwarten, wenn alle Marktteilnehmer davon profitieren.

Um die Rolle der Intermediäre auf elektronischen Märkten beurteilen zu können, müssen zusätzlich zu den herausgearbeiteten ökonomischen Faktoren auch subjektive und soziale Kriterien wie der Einfluß persönlicher Beziehungen auf die Abwicklung von Transaktionen berücksichtigt werden. Aus Sicht des Konsumenten repräsentiert der Intermediär eine Vielzahl von Produzenten und deckt damit nicht nur ein breites Spektrum an Bedürfnissen ab, er wahrt auch eine kritische Distanz zu den Anbietern der Basisleistungen. In der subjektiven Einschätzung der Konsumenten wirkt diese neutrale Position vertrauensbildend. Letztendlich bestimmt das Zusammenwirken all dieser Faktoren das Bild der Intermediäre.

Es wurde gezeigt, daß genügend Chancen aber auch Risiken für Intermediäre auf

---

1. Vgl. Gunther, M., Travel, 1996, S. 120; bspw. hat die Fluggesellschaft Northwest Airlines den virtuellen Reisebüros alle Sonderrabatte gekürzt, woraufhin diese keine Tickets mehr vermittelt haben. Ähnliches spielt sich auch im Bereich der Intelligent Agents ab (siehe BargainFinder).

elektronischer Ebene entstehen. Die Betrachtung auf die Bedrohung der Intermediäre zu beschränken greift zu kurz. Die transaktionskostentheoretische Analyse
hat ergeben, daß Informations- und Kommunikationstechnologien bisherige Strukturen fördern können, d.h. vorhandene Direktkontakte als auch bestehende Zwischenhandelsstufen können von modernen Infrastrukturen profitieren. Ebenso
können vorhandene klassische Intermediäre durch elektronische Vermittler substi-
tuiert werden. Schließlich kann eine Umgehung der Intermediäre auf elektronischer Ebene beobachtet werden, wenn Anbieter und Nachfrager direkt miteinander
kommunizieren, aber auch die Generierung völlig neuer Formen der Intermedia-
tion.

Bezogen auf den Ablauf der Entwicklung elektronischer Märkte wird es eine Zwi-
schenphase geben, in der Zwischenhändlerstufen vollständig umgangen werden,
vor allem in der Informationsphase und in Branchen mit informationstechnisch
leicht abbildbaren Produkten. Der Konsument wird mit Hilfe der raumüberbrük-
kenden telekommunikativen Technologien direkt auf die angebotenen Leistungen
der Hersteller zugreifen können und dabei erhebliche zeitliche und finanzielle Ein-
sparungen erlangen. Das Zusammenrücken von Anbieter und Nachfrager resultiert
in einer globalen Auswahl und größerem Wettbewerb. Die weltweite Verfügbarkeit von Informationsressourcen erfordert allerdings eine qualitative Auslese, die
ein Intermediär durch die Generierung von Mehrwertdiensten effizient durchführen kann.

Der Intermediär findet demnach auch auf elektronischer Ebene ein Wirkungsfeld
vor, auf dem er vor allem im Rahmen der Handelsfunktionen bestimmte Dienstleistungen anbietet. Die Funktionsausübung hängt vom Wachstum des Marktes ab
sowie von der Digitalisierbarkeit der Leistungen. Die Vermittlung kann mit Hilfe
vollautomatisierter Systeme geschehen, aber auch den Einsatz der menschlichen
Vernunft und Intelligenz erfordern.

5.2. Stellungnahme

Meiner Meinung nach werden weiterhin indirekte und direkte Transaktionsstruktu-
ren wie auch elektronische und konventionelle Absatzmedien nebeneinander
bestehen. Ob substitutive, komplementäre oder alternative Tendenzen bei der Nutzung elektronischer Märkte den Ausschlag geben, ist zum heutigen Zeitpunkt nicht
vorauszusehen. Es wird durch IKT für Konsumenten leichter werden, direkt mit

den Produzenten Kontakt aufzunehmen und dadurch auch günstigere Angebote zu erhalten.[2] Bei Anbietern mit großem Bekanntheitsgrad in der digitalen Welt, aber auch wenn der Konsument seine Bedürfnisse und Präferenzen selbständig identifizieren kann, wird er diese Möglichkeit wahrnehmen. Die Mehrzahl der Menschen wird jedoch die Dienste von Intermediären in Anspruch nehmen. Insgesamt wird sich die Zahl der traditionellen Intermediäre verringern, da moderne Informationstechnologien es erlauben, viele Funktion vollautomatisch durchzuführen. Wieviele neue Intermediäre durch die Möglichkeiten auf elektronischen Märkten entstehen werden, ist momentan nicht abzuschätzen. Durch intensiveren Wettbewerb, eine dynamischere Umwelt und die Verbilligung der Informationsverarbeitung und des Informationstransports wird sich m. E. ein Trend zu kleineren, flexiblen und leistungsfähigen Intermediären durchsetzen.

Eine wesentliche Funktion und auch eine Chance für zukünftige Intermediäre ist die Generierung von Mehrwertdiensten. Es muß Ziel sein, Produkte mit Informationen oder sonstigen Dienstleistungen anzureichern, um sie zu höherwertigen Produkten zu machen. Erst dann wird der Konsument entscheiden, seine Produkte über einen Intermediär zu beziehen, anstatt direkt den Hersteller zu kontaktieren. Letztendlich entscheidet der Nachfrager über die zukünftigen Strukturen elektronischer Märkte. Als Vorreiter könnte sich die Informationsindustrie auf elektronischer Ebene etablieren. Vom wissenschaftlichen Fachwissen bis zum Infotainment bietet sich die Datenautobahn als zentraler Marktplatz an. Menschen „ziehen" sich digitale Information, entweder über einen Intermediär oder direkt vom Anbieter („Pull statt Push"). Vertriebssysteme für digitalisierbare Sach- und Dienstleistungen könnten sich so in Teilbereichen der Wirtschaft erübrigen.

Die Aussage, der „Super Information Highway" bedrohe die Stufe der Zwischenhändler, halte ich für zu radikal. Im Gegenteil, es werden genügend Nischen und Märkte entstehen, die eine Chance für Intermediäre bieten, im nächsten Jahrtausend eine bedeutende Rolle zu spielen. Die progressive Entwicklung der Wirtschaftsprozesse auf elektronischer Ebene bringt auf jeden Fall eines mit sich - elektronische Marktbetreiber sind immer neue Intermediäre.

---

2. Beispielhaft kann hier auch die Literaturrecherche für diese Arbeit aufgeführt werden. Global verfügbare Informationsquellen und die Möglichkeit der schnellen, unmittelbaren und weltweiten Kommunikation über Netzwerke eröffneten ein wesentlich umfangreicheres Feld an Ressourcen als es auf konventioneller Ebene vorhanden ist.

6. Literaturverzeichnis

Alderson, Wroe [Marketing, 1957]: Marketing behavior and executive action, 1. Aufl., Homewood (Ill.): Irwin, 1957

Anderson, Erin/Weitz, Barton A. [Make-or-Buy, 1986]: Make-or-Buy Decisions: Vertical Integration and Marketing Productivity, in: Sloan Management Review, Spring 1986, S. 3 - 19

Applegate, Lynda M./Gogan, Janis [Commerce, 1995]: Electronic Commerce: Trends and Opportunities, in: Harvard Business School, Rev. October 6, 1995, 196-006, S. 151-166

Archdale, Gilbert H. [Tourism, 1995]: Electronic Markets in Tourism - Constraints and Opportunities, in: EM - Newsletter of the Competence Centre Electronic Markets, University of St. Gallen, Institute for Information Management, Nr. 15, (1995), S. 14

Arnold, Ulli [Beschaffung, 1995]: Beschaffungsmanagement, Stuttgart: Schäffer-Poeschel, 1995

Arrow, Kenneth J. [Organization, 1969]: The Organization of Economic Activity: Issues pertinent to the Choice of Market versus Nonmarket Allocation, in: The Analysis and Evaluation of Public Expenditure, The PPB System, Joint Economic Committee, Vol. 1, 1969, S. 47-64

Bakos, Yannis J. [Marketplaces, 1991]: A Strategic Analysis of Electronic Marketplaces, in: MIS Quarterly 15 (3), September 1991, S. 295 - 310

Baligh, Helmy H./Richartz, Leon E. [Market, 1967]: Vertical Market Structures, Boston: Allyn and Bacon Inc., 1967

Benjamin, Robert I./Wigand Rolf [Markets, 1995]: Electronic Markets and Virtual Value Chains on the Information Superhighway, in: Sloan Management Review, Winter 1995, S. 62 - 72

Benjamin, Robert I./Morton, Michael S. Scott [Information, 1988]: Information Technology, Integration, and Organizational Change, in: Interfaces, 18 (1988) 3, S. 86-98

Bloch, Michael/Pigneur, Yves/Segev, Arie [Commerce, 1996]: On the Road of Electronic Commerce -- a Business Value Framework, Gaining Competitive Advantage and Some Research Issues, siehe http://is-2.stern.nyu.edu/~mbloch/docs/roadtoec/ec.htm, März 1996

Bonus, Holger [Economics, 1986]: A Study in the Economics of Transactions, in: Journal of Institutional and Theoretical Economics (JITE), 142/2 (1986), S. 310-339

Borenstein, Nathaniel S. et al. [Cybercommerce, 1996]: Perils and Pitfalls of Practical Cybercommerce, in: Communications of the ACM, Vol. 39 (1996), Nr. 6, S. 36 - 44

Coase, Ronald H. [Firm, 1937]: The nature of the firm, in: Economica 4 (November 1937), S. 386 - 405

Coyle, John J./Andraski, Joseph C. [Channel, 1990]: Managing Channel Relationships, in: Annual Conference Proceedings of the Council of Logistics Management, 1990, S. 245-258

Clemens, Eric K./Row, Michael C. [Cooperation, 1992]: Information Technology and Industrial Cooperation: The Changing Economics of Coordination and Ownership, in: Journal of Management Information Systems, Vol. 9 (Fall 1992), Nr. 2, S. 9-28

Ebers, Mark [Informationssysteme, 1994]: Die Gestaltung interorganisationaler Informationssysteme - Möglichkeiten und Grenzen einer transaktionskostentheoretischen Erklärung, in: *Jörg Sydow/Arnold Windeler* (Hrsg.): Management interorganisationaler Beziehungen: Vertrauen, Kontrolle und Informationstechnik, Opladen: 1994, S. 22-48

Etzioni, Oren/Weld, Daniel S. [Agents, 1995]: Intelligent Agents on the Internet: Fact, Fiction, and Forecast, in: IEEE Expert, August 1995, S. 44-49

Fischer, Marc [Transaktionskosten, 1994]: Die Theorie der Transaktionskosten, in WiSt 11 (1994), S. 582 - 584

Geigant, Friedrich [Volkswirtschaft, 1994]: Lexikon der Volkswirtschaft, 6. überarb. und erw. Aufl., Landsberg/Lech: Verlag Moderne Industrie, 1994

General Magic [Internet, 1996]: Company Profile - Mission: Engaging, Active Internet Software, siehe http://www.genmagic.com/About/corporate.html, 1996

Gomber, Peter/Schmidt, Claudia/Weinhardt, Christof [Synergie, 1996]: Synergie und Koordination in dezentral planenden Organisationen, in: Wirtschaftsinformatik 38 (1996) 3, S. 299 - 307

Granovetter, Mark [Social, 1985]: Economic Action and Social Structure: The Problem of Embeddedness, in: American Journal of Sociology, Vol. 91 (1985), Nr. 3, S. 481-510

Gümbel, Rudolf [Handel, 1985]: Handel, Markt und Ökonomik, Wiesbaden: Gabler, 1985

Gunther, Marc [Travel, 1996]: Travel Planning in Cyberspace, in: Fortune, September 9, 1996, S. 119/120

Gurbaxani, Vijay/Whang, Seungjin [Information, 1991]: The Impact of Information Systems on Organizations and Markets, in: Communications of the ACM, Vol. 34, , 1991, Nr. 1, S. 59 - 73

Hämäläinen, Matti/Whinston, Andrew B./Vishik, Svetlana [Learning, 1996]: Electronic Markets for Learning: Education Brokerages on the Internet, in: Communications of the ACM, Vol. 39, June (1996), Nr. 6, S. 51 - 58

Hammes Michael/Poser, Günter [Messung, 1992]: Die Messung von Transaktionskosten, in: WISU 11 (1992), S. 885 - 889

Hayek, Friedrich August von [Knowledge, 1945]: The Use of Knowledge in Society, in: The American Economic Review, Vol. XXXV, 4 (1945), S. 519-530

Herget, Josef/Kuhlen, Rainer [Märkte, 1995]: Elektronische Märkte: Stand und Perspektiven dargestellt am Beispiel der Electronic Mall Bodensee, in: *Wolfram Neubauer* (Hrsg.): Deutscher Dokumentartag 1995 - Zukunft durch Information, Proceedings, Frankfurt/M: Deutsche Gesellschaft für Dokumentation, 1995, S. 333-344

Hermans, Björn [Agents, 1996]: Intelligent Software Agents on the Internet: an inventory of currently offered functionality in the information society & and a prediction of (near-)future developments, Tilburg University, Tilburg, Netherlands, siehe http://www.hermans.org/agents, 1996

Hess, Christopher M./Kemerer, Chris F. [Loan, 1994]: Computerized Loan Origination Systems: An Industry Case Study of the Electronic Markets Hypothesis, in: MIS Quarterly 18 (1994), 3, S. 251-275

Hildebrandt, Klaus [Transaktionskostenansatz, 1990]: Der Transaktionskostenansatz, in: WISU 3 (1990), S. 153 - 155

Hirth, Hans [Market, 1995]: Market Maker, in: WiSt 8 (1995), S. 421-423

Hopper, Max D. [SABRE, 1990]: Rattling SABRE - New Ways to Compete on Information, in: Harvard Business Review, Vol. 68, May-June (1990), Nr. 3, S. 118-125

Kaas, Klaus Peter/Fischer, Marc [Transaktionskostenansatz, 1993]: Der Transaktionskostenansatz, in: WISU 8-9 (1993), S. 686 - 693

Kalakota, Ravi/Whinston, Andrew B. [Frontiers, 1996]: Frontiers of Electronic Commerce, Reading: Addison-Wesley Publishing Company, 1996.

Kirchner, Christian/Picot, Arnold [Distribution, 1987]: Transaction Cost Analysis of Structural Changes in the Distribution System: Reflections on Institutional Developments in the Federal Republic of Germany, in: Journal of Institutional and Theoretical Economics (JITE), 143 (1987), S. 62 - 81

Kiwit, Daniel [Leistungsfähigkeit, 1994]: Zur Leistungsfähigkeit neoklassisch orientierter Transaktionskostenansätze, in: ORDO, 45 (1994), S. 105 - 135

Klein, Stefan [Entwicklungstendenzen, 1994]: Entwicklungstendenzen elektronischer Märkte: von high-volume commodity Märkten zu Konsumentenmärkten, Referat anläßlich der 5. Generalversammlung der SWICO, siehe http://www-iwi.unisg.ch/iwi4/cc/genpubs/swico.html, Mai 1994

Klein-Blenkers, Fritz/Reisen, Michael [Distributionswirtschaft, 1985]: Grundlagen der Distributionswirtschaft, in: WISU 12 (1985), S. 581-587

Konsynski, Benn R./Karimi, Jahangir [Information, 1993]: On the Design of Global Information Systems, in: *Stephen P. Bradley* (Hrsg.): Globalization, technology and competition, Boston: Harvard Business School Press, 1993, S. 81 - 108

Koppelmann, Udo [Marketing, 1991]: Marketing: Einführung in Entscheidungsprobleme des Absatzes und der Beschaffung, 3. Aufl., Düsseldorf: Werner, 1991

Kotler, Philip [Marketing, 1982]: Marketing-Management, 4., völlig neubearb. Auflage, Stuttgart: C. E. Poeschel, 1982

Krähenmann, Noah [Gestaltungsanforderungen, 1994]: Ökonomische Gestaltungsanforderungen für die Entwicklung elektronischer Märkte, Hochschule St. Gallen, Diss., 1994

Krebs, Michael/Rock, Reinhard [Unternehmensnetzwerke, 1994]: Unternehmensnetzwerke - eine intermediäre oder eigenständige Organisationsform?, in: *Jörg Sydow/Arnold Windeler* (Hrsg.): Management interorganisationaler Beziehungen: Vertrauen, Kontrolle und Informationstechnik, Opladen: 1994, S. 322-345

Krelle, Wilhelm [Preistheorie, 1961]: Preistheorie, Tübingen: Mohr, 1961

Krulwich, Bruce T. [Agent, 1995]: An Agent of Change, siehe http:// bf.cstar.ac.com/bf/, 1995

Langenohl, Thomas [Systemarchitekturen, 1994]: Systemarchitekturen elektronischer Märkte, Hochschule St. Gallen, Diss., 1994

Laufmann, Steve [Information, 1996]: The Information Marketplace: Achieving Success in Commercial Applications, in: Nabil R. Adam (Hrsg.): Electronic Commerce: Current Research Issues and Applications, Berlin; Heidelberg: Springer, 1996, S. 115-147

MacNeil, Ian R. [Contract, 1980]: The New Social Contract: An Inquiry into Modern Contractual Relations, New Haven (Conn.): Yale Univ. Press, 1980

Maes, Pattie [Agents, 1994]: Agents that Reduce Work and Information Overload, in: Communications of the ACM, Vol. 37 (1994), Nr. 7, S. 31-40

- [Software, 1995]: Intelligent Software, siehe http://pattie.www.media.mit.edu/people/pattie/SciAm-95.html, 1995

Mahler, Alwin/Göbel, Gregor [Banken, 1996]: Internet, Electronic Commerce und die Rolle der Banken, in: WIK Newsletter Nr. 23, Juni 1996, S. 28 - 31

Malone, Thomas W./Yates, JoAnne/Benjamin, Robert I. [Markets, 1987]: Electronic Markets and Electronic Hierarchies, in: Communications of the ACM, Vol. 30, June 1987, Number 6, S. 484 - 497

- [Logic, 1989]: The Logic of Electronic Markets, in: Harvard Business Review, Vol. 67, May-June (1989), Nr. 3, S. 166 - 172

Marr, Rainer/Picot, Arnold [Absatz, 1991]: Absatzwirtschaft, in: *Edmund Heinen* (Hrsg.): Industriebetriebslehre: Entscheidungen im Industriebetrieb, 9., vollst. neu bearb. und erw. Aufl., Wiesbaden: Gabler, 1991, S. 623-728

Meijs, Chris [Horticulture, 1995]: Towards Electronic Markets in the next Millennium of the Horticulture Product Chain, in: EM - Newsletter of the Competence Centre Electronic Markets, Institute for Information Management, University of St. Gallen, No. 13-14 (1995), S. 21/22

Miller, David B./Clemons, Eric K./Row, Michael C. [Corporation, 1993]: Information Technology and the Global Virtual Corporation, in: *Stephen P. Bradley* (Hrsg.): Globalization, technology and competition, Boston: Harvard Business School Press, 1993, S. 283 - 307

Mosdorf, Siegmar [Kommission, 1996]: Rede zur konstituierenden Sitzung der Enquete-Kommission am 31. Januar 1996, Deutscher Bundestag - Zukunft durch Medien, siehe http://www.kp.dlr.de/BMBF/aktionen/mosdorf.html, Januar 1996

Negroponte, Nicholas [Digital, 1995]: Total Digital, 2. Aufl., München: C. Bertelsmann, 1995

North, Douglass C. [Wandel, 1992]: Institutionen, institutioneller Wandel und Wirtschaftsleistung, 8. Aufl., Tübingen: Mohr, 1992

o. V. [Märkte, 1991]: Elektronische Märkte, in: EM-Newsletter des Kompetenzzentrums Elektronische Märkte, Institut für Wirtschaftsinformatik, Hochschule St. Gallen, Nr.1 (1991), S. 1-3

o. V. [Facts, 1996]: Facts and Friction, in: The Economist, March 2nd 1996, S. 82

o. V. [Agents, 1996]: Central Intelligent Agents, in: The Economist, June 15th 1996, S. 94/ 95

O'Day, Vicki L./Jeffries, Robin [Artisans, 1993]: Information Artisans: Patterns of Result Sharing By Information Searchers, in: *S. Kaplan* (Hrsg.): COOCS 1993: Organizational Computing Systems, New York: ACM Press, 1993, S. 98-107

- [Seekers, 1993]: Orienteering in an Information Landscape: How Information Seekers Get From Here to There, in: *B. Arnold/G. van der Veer/T. White* (Hrsg.): INTERCHI 1993: Human Factors in Computing Systems, New York: ACM Press, 1993, S. 438-445

Oberparleiter, Karl [Warenhandel, 1955]: Funktionen und Risiken des Warenhandels, 2., neubearb. und erweiterte Aufl., Wien: Springer, 1995

Panurach, Patiwat [Money, 1996]: Money in Electronic Commerce: Digital Cash, Electronic Fund Transfer, and Ecash, in: Communications of the ACM, Vol. 39 (1996), Nr. 6, S. 45 - 50

Picot, Arnold [Organisationstheorie, 1982]: Transaktionskostenansatz in der Organisationstheorie: Stand der Diskussion und Aussagewert, in: Die Betriebswirtschaft 42 (1982) 2, S. 267-284

- [Transaktionskosten, 1986]: Transaktionskosten im Handel - Zur Notwendigkeit einer flexiblen Strukturentwicklung in der Distribution, in: Betriebs-Berater, Beilage 13/1986 zu Heft 27/1986, 2. Halbjahr

- [Theorieansätze, 1989]: Zur Bedeutung allgemeiner Theorieansätze für die betriebswirtschaftliche Information und Kommunikation: Der Beitrag der Transaktionskosten- und Principal-Agent-Theorie, in: *Werner Kirsch/Arnold Picot* (Hrsg.): Die Betriebswirtschaftslehre im Spannungsfeld zwischen Generalisierung und Spezialisierung, Wiesbaden: Gabler, 1989, S. 362 - 379

- [Coase, 1992]: Ronald H. Coase - Nobelpreisträger 1991: Transaktionskosten: Ein zentraler Beitrag zur wirtschaftswissenschaftlichen Analyse, in WiSt 2 (1992), S. 79 - 83

- [Transaktionskostenansatz, 1993]: Transaktionskostenansatz, in: *Waldemar Wittmann et al.* (Hrsg.): Handwörterbuch der Betriebswirtschaft (HWB), Teilband 3, R-Z, 5. völlig neu gestaltete Aufl., Stuttgart: Schäffer-Poeschel, 1993, S. 4194-4204

-*/Bortenlänger, Christine/Röhrl, Heiner* [Capital, 1996]: The Automation of Capital Markets, in: Journal of Computer-mediated Communications, Vol. 1, (1996) 3, siehe http://www.usc.edu/dept/annenberg/vol1/issue3/picot.html

-*/Dietl, Helmut* [Transaktionskostentheorie, 1990]: Transaktionskostentheorie, in WiSt 4 (1990), S. 178 - 184

-*/Reichwald, Ralf/Wigand, Rolf T.* [Unternehmung, 1996]: Die grenzenlose Unternehmung, Wiesbaden: Gabler, 1996

-*/Ripperger, Tanja/Wolff, Birgitta* [Boundaries, 1996]: The Fading Boundaries of the Firm: The Role of Information and Communication Technology, in: Journal of Institutional and Theoretical Economics (JITE), 152 (1996), S. 65-79

Pitkow, James E./Kehoe, Colleen M. [WWW, 1996]: Emerging Trends in the WWW User Population, in: Communications of the ACM, Vol. 39, June 1996, Nr. 6, S. 106 - 108

Porter, Michael E./Millar, Victor E. [Information, 1985]: How Information gives you competitive advantage, in: Harvard Business Review 63, 4, July-August (1985), S. 149 - 160

Rangan, Kasturi V./Menezes, Melvyn A. J./Maier, E. P. [Channel, 1992]: Channel Selection for New Industrial Products: A Framework, Method, and Application, in: Journal of Marketing, Vol. 56 (1992), S. 69-82

Rayport, Jeffrey F./Sviokla, John J. [Marketspace, 1994]: Managing in the Marketspace, in: Harvard Business Review, Vol. 72, November - December 1994, S. 141-150

- [Virtual, 1995]: Exploiting the Virtual Value Chain, in: Harvard Business Review, Vol. 73, November - December 1995, S. 75 - 85

Resnick, Paul et al. [GroupLens, 1994]: GroupLens: An Open Architecture for Collaborative Filtering of Netnews, siehe http://ccs.mit.edu/CCSWP165.html, 1994

-*/Zeckhauser, Richard/Avery, Chris* [Brokers, 1995]: Roles for Electronic Brokers, siehe http://ccs.mit.edu/ ccswp179.html, 1995

Richter, Rudolf [Institutionen, 1990]: Sichtweise und Fragestellungen der Neuen Institutionenökonomik, in: Zeitschrift für Wirtschafts- u. Sozialwissenschaften (ZWS), 110 (1990), S. 571 - 591

- [Institutionen, 1994]: Institutionen ökonomisch analysiert, Tübingen: Mohr, 1994
- [Institutionen, 1996]: Die Neue Institutionenökonomik des Marktes, Jena: Max-Planck-Institut zur Erforschung von Wirtschaftssystemen, 1996

-/*Bindseil, Ulrich* [Institutionenökonomik, 1995]: Neue Institutionenökonomik, in: WiSt 3 (1995), S. 132 - 140

-/*Furubotn, Eirik G.* [Institutionenökonomik, 1996]: Neue Institutionenökonomik, Tübingen: Mohr. 1996

Rosenthal, David/Shah, Shashi K./Xiao, Baichun [Policy, 1993]: The impact of purchasing policy on electronic markets and electronic hierarchies, in: Information & Management 25 (1993), S. 105 - 117

Sarkar, Mitra Barun/Butler, Brian/Steinfield, Charles [Intermediaries, 1996]: Intermediaries and Cybermediaries: A Continuing Role for Mediating Players in the Electronic Marketplace, in: Journal of Computer-mediated Communications, Vol. 1, (1996) 3, siehe http://www.usc.edu/dept/annenberg/vol1/issue3/sarkar.html

Schmid, Beat F. [Märkte, 1993]: Elektronische Märkte, in: Wirtschaftsinformatik, 35 (1993), 5, S. 465 - 480

- [Markets, 1995]: Electronic Retail Markets, in: EM - Newsletter of the Competence Centre Electronic Markets, University of St. Gallen, Institute for Information Management, Nr. 13/14, (1995), S. 3/4

- [Mall, 1995]: Electronic Mall - Banking und Shopping in globalen Netzen, Stuttgart: Teubner, 1995

- [Märkte, 1995]: Elektronische Märkte, in: *Matthias-Wolfgang Stoetzer/Alwin Mahler* (Hrsg.): Die Diffusion von Innovationen in der Telekommunikation, Berlin: Springer, 1995, S. 219 - 236

- [Internet, 1996]: Internet markiert den Beginn der neuen Mediengesellschaft, in: io Management 65 (1996), Nr. 9, S. 22-24

- *et al.* [Revolution, 1991]: Die elektronische Revolution der Märkte, in: io Management Zeitschrift 60 (1991), Nr. 12, S. 96-98

Schneck, Ottmar [Betriebswirtschaft, 1994]: Lexikon der Betriebswirtschaft, 2., völlig überarb. und erw. Aufl., München: Verlag C.H. Beck, 1994

Shardanand, Upendra/Maes, Pattie [Algorithms, 1995]: Social Information Filtering: Algorithms for Automating "Word of Mouth", siehe: http://www.acm.org/sigchi/chi95/Electronic/documents/papers/us_bdy.htm, 1995

Sherman, Stratford [Superhighway, 1994]: Will the Information Superhighway be the Death of Retailing?, in: Fortune, April 18, 1994, S. 61-67

Steinfield, Charles/Kraut, Robert/Plummer, Alice [Buyer-Seller, 1996]: The Impact of Interorganizational Networks on Buyer-Seller Relationships, in: Journal of Computer-mediated Communications, Vol. 1, (1996) 3, siehe http://www.usc.edu/dept/annenberg/vol1/issue3/steinfld.html

Streit, Manfred E. [Wirtschaftspolitik, 1991]: Theorie der Wirtschaftspolitik, 4. neubearb. u. erw. Aufl., Düsseldorf: Werner, 1991

Sydow, Jörg [Unternehmensnetzwerke, 1991]: Unternehmensnetzwerke: Begriffe, Erscheinungsformen und Implikationen für die Mitbestimmung, Düsseldorf: Hans-Böckler-Stiftung, 1991

Tauss, Jörg [Informationsgesellschaft, 1995]: Chancen der Informationsgesellschaft müssen genutzt werden - Bundesregierung verschläft wichtiges Zukunftsthema, Presseerklärung der SPD-Bundestagsfraktion, 21. Juni 1995

Thiele, Mouna [Institutionenökonomik, 1994]: Neue Institutionenökonomik, in:

WISU 12 (1994), S. 993 - 997

Thornton, Emily [Retailing, 1994]: Retailing Revolution in Japan, in: Fortune, February 7, 1994, S. 52-56 (Europäisch Ausgabe), S. 143-146 (Amerikanische Ausgabe)

Tietz, Bruno [Handelsbetrieb, 1993]: Der Handelsbetrieb - Grundlagen der Unternehmenspolitik, 2., neubearb. Aufl., München: Vahlen, 1993

Tietz, Bruno [Direktvertrieb, 1993]: Der Direktvertrieb an Konsumenten - Konzepte und Systeme, Stuttgart: Schäffer-Poeschel, 1993

Voß, Peter H. [Marktplatz, 1996]: Unternehmen auf dem "elektronischen Marktplatz" - Die Vision der virtuellen Logistik, in: Cogito, 2 (1996), S. 30/31

Wallis, John J./North, Douglass C. [Transaction, 1986]: Measuring the Transaction Sector in the American Economy, 1870-1970, in: *Stanley L. Engerman/ Robert E. Gallman* (Hrsg.): Long-Term Factors in American Growth, Chicago and London: Chicago Press, 1986, S. 95-164

Wigand, Rolf T. [Commerce, 1995]: Electronic Commerce and Reduced Transaction Costs - Firms' Migration into Highly Interconnected Electronic Markets, in: EM - Newsletter of the Competence Centre Electronic Markets, University of St. Gallen, Institute for Information Management, Nr. 16/17, (1995), S. 1 - 5

-/*Benjamin, Robert I.* [Commerce, 1996]: Electronic Commerce: Effects on Electronic Markets, in: Journal of Computer-mediated Communications, Vol. 1, (1996) 3, siehe http://www.usc.edu/dept/annenberg/vol1/issue3/wigand.html (ebenso http://shum.cc.huji.ac.il/jcmc/vol1/issue3/)

Williamson, Oliver E. [Markets, 1975]: Markets and Hierarchies: Analysis and Antitrust Implications, New York: Free Press, 1975

- [Corporation, 1981]: The Modern Corporation: Origins, Evolution, Attributes, in: Journal of Economic Literature, Vol. XIX (December 1981), S. 1537-1568

- [Institutionen, 1985]: Die ökonomischen Institutionen des Kapitalismus: Unternehmen, Märkte, Kooperationen, Tübingen: Mohr, 1985

- [Organization, 1991]: Comparative Economic Organization: The Analysis of Discrete Structural Alternatives, in: Administrative Science Quarterly, 36 (1991), S. 269 - 296

Zbornik, Stefan [Märkte, 1995]: Elektronische Märkte, elektronische Hierarchien und elektronische Netzwerke, Konstanz, Universität, Diss., 1995

7.   URL-Verzeichnis

[Alamo]   *Alamo*: http://www.freeways.com/

[Alaskan]   *Alaskan Mall*: http://alaskan.com/mall.html

[AltaVista]   *AltaVista*: http://www.altavista.digital.com/

[Auction]   *Auctions-Online*: http://www.auctions-on-line.com/

[Audit]   *Internet Audit Bureau*: http://www.internet-audit.com/

[Auto]   *Auto-By-Tel*: http://www.autobytel.com/

[Bank24]   *Bank 24*: http://www.bank24.de/

[Barclaysquare]   *Barclaysquare*: http://www.itl.net/barclaysquare/

[Bargain]   *BargainFinder*: http://bf.cstar.ac.com/bf/

[Barter]   *Euro Barter Business*: http://www.zika.co.at/ebb/ebbhome

[BBB]   *Better Bit Bureaus*: http://www.cs.umn.edu/Research/Group-Lens/privacy.html

[Börsen]   *Börsen im Internet*:

                   Aktienbörse Madrid: http://www.bolsamadrid.es

                   Amsterdam Stock Exchange: http://wwwaeb.econ.vu.nl/

                   American Stock Exchange: http://www.amex.com/

                   Australian Stock Exchange: http://www.ase.com.au

                   Börse Warschau: http://www.info.fuw.edu.pl/pl/gielda.eng.html

                   Chicago Board of Trade: http://www.cbot.com

                   ESI und Sharling, London: http://www.esi.co.uk

                   Hong Kong Futures Exchange: http://www.hkfe.com

                   New York Stock Exchange: http://www.nsye.com

[Cast]   *Point Cast Network*: http://www.pointcast.com/

[CDnow]   *CDnow*: http://www.cdnow.com

[Checkfree]   *Checkfree*: http://www.checkfree.com/

[Club]   *International Shopping Club*: http://www.intsc.com/

[Cyber]   *Cybersuperstores*: http://www.cybersuperstores.com/

[Cybermad]   *Cybermad*: http://www.cybermad.com/

[Digicash]   *Digicash*: http://digicash.support.nl/home.html

[EMB]   *Electronic Mall Bodensee*: http://www.bodan.net/index.html

[Embroidery]   *The Embroidery Page*: http://www.digifax.com/list.html

[enews]   *Electronic Newsstand*: http://www.enews.com/

[FedEx]   *FedEx*: http://www.fedex.com/

[Firefly]	*Firefly*: http://www.ffly.com/
[Flifo]	*Flifo*: http://www.flifo.com/
[Flohmarkt]	*Hardys Online Store & Service*: http://www.schiele-ct.de/
[Frohwein]	*Jeff Frohwein´s ISDN Technical Page*: http://fly.HiWAAY.net/~jfrohwei/isdn/
[GNN]	*Global Network Navigator*: http://www.gnn.com/
[Ho]	*Thomas Ho Electronic Commerce Site*: http://e-comm.iworld.com/
[Hotwired]	*Hotwired*: http://www.hotwired.com/
[IBM]	*IBM*: http://www.ibm.com/
[IDC]	*International Data Corporation*: http://www.idcresearch.com/
[InfoFinder]	*InfoFinder*: http://www.ac.com/cstar/hsil/agents/framedef_if.html
[Infoseek]	*Infoseek*: http://www.infoseek.com/
[Interactive]	*Onsale Interactive Marketplace*: http://www.onsale.com/
[Internet]	*Internet Shopping Network*: http://www.isn.com/
[Intershop]	*Intershop*: http://www.intershop.de/
[Intuit]	*Intuit*: http://www.intuit.com/
	http://www.qfn.com/banking/
[Iowa]	*Iowa Electronic Markets*: http://www.biz.uiowa.edu/iem/index.html
[Karstadt]	*Karstadt Internet Kaufhaus*: http://www.my-world.de/
[Lufthansa]	*Lufthansa Virtual Airport*: http://virtualairport.lufthansa.com/air-port.htm
[Lycos]	*Lycos*: http://www.lycos.com/index.html
[Magic]	*General Magic*: http://www.genmagic.com
[Mastercard]	*Mastercard*: http://www.mastercard.com/
[Metacrawler]	*Metacrawler*: http://metacrawler.cs.washington.edu:8080/
[Microsoft]	*Microsoft*: http://www.microsoft.com/
[Netscape]	*Netscape*: http://www.netscape.com/
[netzmarkt]	*netzmarkt.de*: http://www.netzmarkt.de/
[Nielsen]	*Nielsen Interactive Services*: http://www.nielsenmedia.com/
[Oracle]	*Oracle*: http://www.oracle.com/
[Otto]	*Otto*: http://www.otto.de/
[Pinnacle]	*Pinnacle Mall*: http://www.pinnaclemall.com/

[Point]   *Point Communications*: http://www.pointcom.com/

[Quelle]   *Quelle*: http://www.quelle.de/

[Sabre]   *SABRE*: http://www.amrcorp.com/sabr_grp/sabr_grp.htm

[Security]   *Security First National Bank*: http://www.sfnb.com/

[SEMPER]   *Secure Electronic Marketplace for Europe*: http://www.iig.uni-freiburg.de/semper/index_d.html

[ShopBot]   *ShopBot*: http://www.cs.washington.edu/homes/bobd/shop-bot.html

[Shopping]   *All-Internet-Shopping Directory*: http://www.webcom.com/~tbrown/welcome.html

[Sun]   *Sun Microsystems*: http://www.sun.com/

[Tee]   *Teehandel*: http://SHonline.DE/sh/thema/einkaufen+verkaufen/franken/

[Telebuch]   *ABC Bücherdienst*: http://www.telebuch.de/de/index.htm

[Time]   *Time*: http://pathfinder.com/time/

[Trader]   *netTrader*: http://www.sentex.net/nettrader/

[Travel]   *PCTravel*: http://www.pctravel.com/

[Travelocity]   *Travelocity*: http://www.travelocity.com/

[Twain]   *Mark Twain Bank*: http://www.marktwain.com/

[UPS]   *United Parcel Service*: http://www.ups.com/

[Vineyard]   *Virtual Vineyards*: http://www.virtualvin.com/

[Virtual]   *First Virtual*: http://www.firstvirtual.com/

[Visa]   *Visa*: http://www.visa.com

[Web]   *Web.de*: http://vroom.web.de/

[Yahoo]   *Yahoo*: http://www.yahoo.com/

[Yellow]   *Yellow Pages*: http://yp.gte.net/

Versicherung nach § 16 Abs. 7 PO:

Hiermit versichere ich, die vorliegende Arbeit ohne unerlaubte Hilfe und ohne Benutzung anderer als der angegebenen Hilfsmittel angefertigt zu haben. Alle Stellen, die wörtlich oder sinngemäß aus Veröffentlichungen entnommen sind, habe ich als solche kenntlich gemacht.

Thomas Sigel

Wissensquellen gewinnbringend nutzen

Qualität, Praxisrelevanz und Aktualität zeichnen unsere Studien aus. Wir bieten Ihnen im Auftrag unserer Autorinnen und Autoren Wirtschafts-studien und wissenschaftliche Abschlussarbeiten – Dissertationen, Diplomarbeiten, Magisterarbeiten, Staatsexamensarbeiten und Studien-arbeiten zum Kauf. Sie wurden an deutschen Universitäten, Fachhoch-schulen, Akademien oder vergleichbaren Institutionen der Europäischen Union geschrieben. Der Notendurchschnitt liegt bei 1,5.

Wettbewerbsvorteile verschaffen – Vergleichen Sie den Preis unserer Studien mit den Honoraren externer Berater. Um dieses Wissen selbst zusammenzutragen, müssten Sie viel Zeit und Geld aufbringen.

http://www.diplom.de bietet Ihnen unser vollständiges Lieferprogramm mit mehreren tausend Studien im Internet. Neben dem Online-Katalog und der Online-Suchmaschine für Ihre Recherche steht Ihnen auch eine Online-Bestellfunktion zur Verfügung. Inhaltliche Zusammenfassungen und Inhaltsverzeichnisse zu jeder Studie sind im Internet einsehbar.

Individueller Service – Gerne senden wir Ihnen auch unseren Papier-katalog zu. Bitte fordern Sie Ihr individuelles Exemplar bei uns an. Für Fragen, Anregungen und individuelle Anfragen stehen wir Ihnen gerne zur Verfügung. Wir freuen uns auf eine gute Zusammenarbeit.

Ihr Team der Diplomarbeiten Agentur

Diplomica GmbH
Hermannstal 119k
22119 Hamburg

Fon: 040 / 655 99 20
Fax: 040 / 655 99 222

agentur@diplom.de
www.diplom.de

www.ingramcontent.com/pod-product-compliance
Lightning Source LLC
La Vergne TN
LVHW092339060326
832902LV00008B/718